Adolf Bastin

Die Weltauffassung der Buddhisten

Adolf Bastin

Die Weltauffassung der Buddhisten

ISBN/EAN: 9783741168994

Hergestellt in Europa, USA, Kanada, Australien, Japan

Cover: Foto ©Lupo / pixelio.de

Manufactured and distributed by brebook publishing software
(www.brebook.com)

Adolf Bastin

Die Weltauffassung der Buddhisten

Die

Weltauffassung der Buddhisten.

Vortrag

gehalten

im wissenschaftlichen Verein zu Berl

von

A. Bastian

Berlin.

Verlag von Wiegandt & Hempel.

1870.

Im Fortschritt der Wissenschaften beginnt auch die Kenntniß vom Menschen ihre Aufklärung zu gewinnen. Die Erde ist ihren Hauptpunkten nach bekannt; Volk auf Volk, wie es durch den Fortgang der Entdeckungsreisen einem verhüllenden Dunkel entrissen wurde und in unserm Gesichtskreis emporrückt, entfaltet vor den Augen des Forschers eine neue Phase des geistigen Wachsthums, einen originellen Ideen-Reichthum, wie er aus seinem nationalen Organismus hervorgewachsen war. Die Eigenthümlichkeiten der geographisch umschriebenen Culturen spiegeln sich vor Allem in den mythologischen Schöpfungen, im Grundriß des architektonischen Stiles, der dem Aufbau des Weltsystems zu Grunde liegt. Die Vorstellungen von der Gottheit, von dem Uebersinnlichen und Unbegreiflichen, sie bilden den Reflex der Gedankenkämpfe, die die Menschenbrust im Ringen nach Klarheit durchleben, und das Bildungsstadium eines jeden Gesellschaftskreises malt sich uns in den gigantischen Projectionen, die an seinem religiösen Horizonte einherschreiten.

Zu den Religionen, die am Weitesten über die Erde verbreitet und am Längsten auf ihr bestanden haben, gehört der Buddhismus, der in der Zahl seiner früheren und jetzigen Bekenner alle anderen übertreffen dürfte und schon deshalb Beachtung verdient. Außerdem bietet er ein besonderes Interesse durch die ihm eigenthümliche Verquickung von Religion und Philosophie, die innige Vereinigung dieser sonst getrennten Formen der Weltauffassung, so daß sich schwer entscheiden ließe, ob der Buddhismus eine Religion oder eine Philosophie zu nennen sei. Als Philosophie schließt er sich an das brahmanische Saulhya-System [1]) an, während seiner Religion der supernaturalistische Gottesbegriff [2]) mangelt, da die Erleuchtung erst aus Menschennatur entspringt, wenn die Transfiguration des Jina hervortritt in dem zur Bodhi Erwachten.

Das Religiöse buddhistischen Glaubens keimt hervor aus dem Leid des Lebens, aus jener alten und allgemeinen Klage, die verlorenes Glück

1*

beweint, die unerfüllte Hoffnung betrauert, die mit den Pulsschlägen der Zeit die Vergangenheit enteilen sieht, auf der Wellen beschleunigter Fluth in der Ebbzeit des Lebens. Elegisch ist der Grundzug aller Volkspoesie, trübe Schwermuth durchhaucht ihre Dichtung, der stille Jammer um irdisches Fehl, um das Fliehende flüchtiger Freuden, die Uebersättigung und Leerheit zurücklassen, und zu oft nur bittere Enttäuschung. Wenn der Morgenstern eines geschichtlichen Tages am nationalen Horizonte aufsteigt, wenn die Helden zu ritterlichen Thaten erwacht, die Rüstung bekleidet im schimmernden Schmuck, wenn auf der Weltgeschichten Bühne hell es erglänzt, von der Waffen blitzendem Strahl, — dann verstummt jene leise Stimme der Elegien, dann übertönt sie kriegerischer Drommetenschall und Schwertgeklirr. Großartiger und mächtiger gestalten sich bald die Schöpfungen, die die Dichtkunst mit ihren Schwestern zu Tage fördert, in wunderbaren Formen steigt der architektonische Bau empor, in denen der Geist die sphärischen Harmonien idealistisch zu verklären sucht, lautes Geräusch durchschallt die hohen Hallen, geschäftiger Hammerschlag und reges Wechselwort der Rede, wenn betriebsam und emsig der Handel reiche Waaren aufhäuft, wenn die Arbeit dem Gebrauche übergibt, was sie erfunden und verbessert.

Die Literatur schwillt an, sie umfaßt jeden Gegenstand auf Erden und im Himmel: aber sie kennt nicht länger das wonnevolle Weh der Wehmuth, das dem Volke einst sein Eins und Alles war, das vergessen werden mußte, als die jugendlichen Ideale zerrannen, als vor ernsteren Beschäftigungen die Wünsche der Kindheit zurücktraten. Dennoch klingt die Klage, wenn auch dem Zeitgeist fremd geworden, in der einzelnen Menschenbrust fort. Nach wie vor durchströmt sie unnennbare Sehnsucht, wenn sich in stillen Stunden der Blick in das Vorbeigegangene versenkt, wenn die duftig umflorten Fluren der Erinnerung im thränenfeuchten Auge schwimmen, das Schattenland abgeschiedener Freunde und Freundesgrüße, das der untergehenden Sonne Strahlen vergelden, das bald in des Vergessens dunkler Umnachtung ersterben wird. Dieses Leid, das ächt menschliche und in der Menschennatur begründete, zu lindern, war die Aufgabe der Religionen, sie brachten, aus Theopneustien geschöpft, die Tröstung gläubigen Hoffens und verwiesen das Auge, das schmerzvoll am Vergangenen haften blieb, auf eine schönere Zukunft.

Jede Religion indessen trägt das Gepräge ihrer Zeit, und die elegische

Färbung ist rasch verwischt, wo im nationalen Kampfe die Wogen branden, wo sich im steten Wechsel der Scenerien das Drama thatkräftiger Ge-schichtsvölker abspielt.

Rein und ungemischt dagegen tritt die altersgraue, und immer neue Menschenklage bei den Religionen im Osten unserer Hemisphäre hervor, vor Allem bei dem schon genannten Buddhismus, dessen Lehrer daher die ihnen eigenthümlichen Wege einschlugen, — Irrwege für den uns ge-wohnten Gedankengang —, mit denen es einige Mühe macht vertraut zu werden. Ein weiteres Eingehen hierauf ist bei dieser Gelegenheit weder nöthig noch möglich. Weshalb jedoch gerade der Buddhismus diesen ursprüng-lichen Grundcharakter treuer bewahrt hat, erklärt sich aus der historischen Stagnation, die für die Dauer der letzten zwei Jahrtausende in den weiten Ländermassen Ost-Asiens ein gleichförmiges Niveau der Geistesbildung er-hielt, während Europa innerhalb desselben Zeitraums durch eine Reihe wildester Sturmfluthen zerrissen und durchwühlt, seinen Boden für die reichen Ernten vorbereitete, die heutzutage daraus die Speicher der Wissen-schaft füllen. Als mit den macedonischen Feldzügen Vorder-Indien in den Geschichtscyklus des Westens hineingezogen wurde, waren die Tage des Buddhismus auf der Halbinsel gezählt, und jetzt ist jede Spur dieses Glaubens[2] dort verlöscht. Immer aber fanden seine Apostel, nach den Gestaden des großen Oceans zurückweichend, neue Länder, die sich ihren Predigten erschlossen, und vom sibirischen Norden bis zu den Inseln des Archipelagus, von den Gestaden des schwarzen Meeres bis zu den Küsten des Sonnenaufgangs[1] giebt es kaum ein Areal im asiatischen Conti-nente, das nicht zu der einen oder andern Zeit den Worten Buddha's ge-lauscht hat.

An die Spitze seiner Lehren stellt der Buddhismus die vier Grund-wahrheiten (Sazza tao pa oder Aryani satyani[3]), die von dem Schmerze, als der Menschennatur erb- und eigenthümlich, ausgehend, sich in Betrach-tungen fortsetzen, wie und woher dieser Schmerz entstanden, wodurch er zu mildern oder vielleicht gänzlich aufzuheben sei. Die Entstehung des Schmerzes wird als unausbleibliche Folge aus der Natur menschlicher Constitution abgeleitet. Ohne Schutz, mit ihren empfindungsfähigen Or-ganen bloßgelegt innerhalb einer feindlichen Umgebung, die von allen Seiten auf sie eindrängt[4], bleibt sie beständigen Reizerregungen ausgesetzt, die, wenn auch mitunter vorübergehendes Wohlgefühl erweckend, schließlich

stets in Schmerzempfindung verlaufen und nachträglich desto härtere
Schläge versehen. Die buddhistische Psychologie entwickelt weitläufig, wie
Alles in der Außenwelt Vorhande auf das ihm im menschlichen Organismus Gleichartige einwirken müsse, wie dadurch ein Haften der Sinne,
des Auges, Ohres u.-s. w. an die Objecte der Beobachtung entstehe, wie
sie sich gezwungen fänden, den fremden Körper in ihre Organe hinüber-
zuziehen, und dort dann den störenden Reiz desselben durch mühsame
Denkarbeit unschädlich zu machen hätten, bis er schließlich im Geiste assi-
milirt sei. Die Aufgabe wiederholt sich aber unzählige Male an jedem
Tage; jede Pulsation, die die Blutwelle durch den Körper treibt, jede
Stoffumwandlung im Ernährungsproceß, jede Gedankenregung vermehrt
den leidensvollen Zustand, treibt den Stachel eines tiefer und tiefer wühlen-
den Reizes hinein, häuft Schmerz auf Schmerz. Da es nun unmöglich
scheint, die gesammte Außenwelt in sich zu absorbiren und sie dadurch unschädlich zu machen, so bleibt dem Buddhisten nach seinem System nur
der Weg, sich gegen dieselbe abzustumpfen, die reizfähigen Fühlfäden, mit
welchen die Sinnesorgane an ihrer Umgebung kleben, zu ertödten, so daß
die Angriffe derselben wirkungslos an ihnen abgleiten. Zu dieser Negation
gegen die Wirklichkeit halten sie sich entschuldigt, ja berechtigt, da diese
ganze Sinnenwelt in aller Buntheit ihrer Formen nur ein Lug- und Trug-
Gewebe sei, ein nichtig täuschender Schein, die magische Illusion des
Schöpfergottes Mara, der im siebenten, im höchsten der Kama-Himmel
thront und die Erdenkinder zu blenden sucht, um sie mit den Verführungen
der Sinnenlust zu umstricken. Dem Buddhisten ist das irdische Dasein
eine peinvolle Gefangenschaft seines aus den hehren Höhen der Dhyani-
Regionen, in unendlichen Abständen über den Götterhimmeln, stammenden
Geistes, und sein ganzes Streben kann nur dahin gerichtet sein, diese un-
würdigen Fesseln bald möglichst abzuschütteln und in seine ursprüngliche
Heimath zurückzukehren, oder vielleicht in die letzte Vernichtung des Nirvana. Mit Abscheu und Ekel wendet sich deshalb der Jünger Buddha's
hinweg von der Welt des Wirklichen, die vielmehr nur die Kehrseite des
Wirklichen bietet, die mit Kummer und Sorge erdrückt, und die selbst die
wenigen Freuden, mit denen sie zu schmeicheln scheint, durch das Flüchtige [1])
derselben in Leiden verkehrt.

Dukha, Anoiza, Anatta sind die Worte, die dem Buddhisten, neben
der an die Dreieinigkeit gerichteten Zufluchtsformel[2]), die Stelle des Gebetes

vertreten, und sie besagen: Dukha: Nur Schmerz und Elend! Aneiza: Alles flüchtig und vergänglich! Anutta: Nichts ist wirklich! und der mit diesen trostraubenden Sentenzen gefüllte Geist sieht in jedem Dinge nur das Prinzip der Zerstörung, das darin lauert, das Ende, dem Alles entgegenzeht. Der Prunk üppiger Gastereien währt kurze Stunden, der goldgeschmückte Pallast ist aufgestellt aus bröckelndem Gestein, aus Teppichen, die zerfasern, aus Balken, die bald die Würmer nagen, die Jungfrau in der Blüthe der Schönheit, der Jüngling in schwellender Kraft, — wie bald schon schleicht er dahin als matter Greis, wie bald wird sein Gesicht als Todtenschädel bleichen. Auf den Kirchhöfen unter moderndem Gebein, am Rande der Gräber, dort sucht der fromme Buddhist die Gegenstände der Betrachtung, dort meditirt er über die Nichtigkeit des täglich von Krankheiten und Unfällen aller Art bedrohten Daseins[9]), über die Gebrechlichkeit des Leiblichen,· über die Mittel seiner Befreiung aus den Ketten des Kreislaufs. Es handelt sich nicht um die jetzige Existenz allein, sondern er fühlt sich als Glied in einer unübersehbaren Reihe von Verkettungen, in einen Cyklus gebannt, dessen Seelenwanderungen[10]) er immer wieder auf's Neue zu durchlaufen hat, und den es nur dem schon Erleuchteten gelingt zu durchbrechen.

Der Grund alles dieses Jammers, dieser leidensvollen Existenzen liegt, wie die Buddhisten es ausdrücken, in der Avidya, in der Unwissenheit, in dem Mißverstehen der naturgemäß vorgezeichneten Gesundheitsregeln einer Seelendiätetik. Es war das erste Abweichen von der Urweisheit, das erste Fehlgehen, was alles Andere hervorgerufen hat, denn der Irrthum, die Individualisirung[11]) des Einzelwesens schuf das Bewußtsein, dieses die Körpergestalt mit den Sinnesqualitäten, und dadurch also das Haften und Kleben an der Außenwelt, von dem es dem Geiste jetzt schwer wird, sich loszureißen. Ist die irdische Laufbahn vollbracht, ist der Körper in seine Elemente zerfallen, so bildet sich unter der zwingenden Nothwendigkeit der Vergeltung ein neuer Kerker für die Seele, die ohne weitere Unterbrechung wieder in die eine oder andere Wesensform eingekörpert wird, je nachdem das Gute oder das Böse in ihren früheren Handlungen überwog.

Um die Belohnung oder Bestrafung[12]) jedesmal genau dem Verdienst anzumessen, steht dem Buddhisten eine Auswahl von Wiedergeburten zu Gebote, da er über eine große Zahl von Welten zu verfügen hat, nämlich über die Thierwelt mit allen ihren Abstufungen, über die Menschenwelt, mit den Gradationen der Standesunterschiede, über die Gespensterwelten, über 5 Dämonenwelten, über 7 Welten der Himmel sinnlicher Freuden [13]), über 15 Gedankenwelten, über 4 körperlose Gedankenwelten und über 24 Höllen mit 124 Nebenhöllen. In allen diesen Gegenden kann die Transmigration statthaben.

Mit der entsetzlichen Aussicht vor sich, durch zahllose Perioden hindurch immer wieder auf's Neue in die Folterkammer irdischer Existenz [14]) geschmiedet zu werden, liegt es dem Buddhisten nahe, da ihm ein günstiges Geschick die Menschengeburt ermöglichte, die gebotene Gelegenheit baldmöglichst zu benutzen, um dem täuschenden Tand des Sinnlichen zu entsagen, um die große Schuld zu sühnen, die Schuld, geboren zu sein, el dolito major des spanischen Dichters.

In der Herberge einer wenigstündigen Nacht fliegt das Leben rasch als halbbewußter Traum dahin, und es lohnt der Mühe nicht, sich wohnlich einzurichten in einer vergänglichen Behausung, deren temporäres Schutzdach jedoch benutzt werden mag, sich mit aller Betriebsamkeit vorzubereiten gegen das, was in der Zukunft droht.

Das erste aller Gebote im Buddhismus, der Kern der ganzen Lehre, ist das Gebot der Nächstenliebe, (der Maitri), das des Erbarmens und Wohlwollens [15]) gegen alle Wesensklassen. Jede Verletzung der Mitgeschöpfe, jede Beleidigung und Beeinträchtigung ist sündhaft, denn Alle umschließt das Band gemeinsamen Schicksals im Dasein. In weichgestimmter Zuneigung [16]) gegen Alles, was da athmet, sind die Leidenschaften niederzukämpfen, Zorn, Haß, Habsucht zu vermeiden, und daraus fließt zugleich das erste Verbot: das der sinnlichen Lust. Seinem Prinzipe gemäß predigt der Buddhismus die Askese völliger Enthaltsamkeit. Im Kloster allein liegt das Heil, in's Kloster entfliehe, wenn die Seele gerettet werden soll, im Kloster schließe Dich ab von der irdischen Welt des Truges. Wer sie in ihrer Nichtigkeit durchschaut, der sehnt nur die Stunde der Auflösung, die endliche Befreiung, herbei, der jubelt bei dem Tode, der beweint die neue Geburt, der wird nicht Mitschuldiger sein, daß neue Geschöpfe in's Leben gerufen werden, die Qual des Daseins zu tragen. Der Buddhismus strebt hin auf Vernichtung, auf allgemeine Erlösung jedes individuellen Seins. Dem strengen Wortlaute [17]) nach fordert die Lehre von Jedem sich in das Mönchsgewand zu hüllen, als einsiedlerischer Mönch dem Leben abzusterben, und die Annalen buddhistischer Historiker erzählen in der That von Königreichen, in denen Jeder, vom Fürsten bis zum Bettler, in's Kloster ging, so daß der Name des Volkes und des Landes in der Geschichte verlöscht wurde. In der Praxis gestaltet sich die Sache in solcher Weise, daß man die Nothwendigkeit weltlicher Arbeit für einen Theil der Bevölkerung anerkennt, die Ehe, die Familiengründung [19]) als Indulgenz erlaubt, und daß dagegen die Klasse der deshalb um so höher verehrten Coenobiten [1]) die Sünden des ganzen Landes tragen und durch die Kraft ihrer Tugenden zu nullificiren suchen. Immer aber wird diese Auffassungsweise, nach welcher die Entwickelung und Blüthe gesellschaftlicher Institutionen, statt der Zweck des menschlichen Strebens zu sein, nur als ein unwillig dem Drang der Verhältnisse gemachtes Zugeständniß geduldet wird, die buddhistischen Staaten zu monotonem Stillstand verdammen und jedem Fortschritt hemmend im Wege stehen. Der Buddhismus erstickt das politische [20]) Leben der Völker, die sich zu ihm bekennen, obwohl er den religiösen Bedürfnissen des Einzelnen zuzusagen pflegt, wie seine weite Verbreitung beweist.

Um den Charakter und die Geschicke eines Volkes zu lesen, haben wir auf seine Mythologie, auf das kosmologische System zu blicken, als dasjenige Product seiner geistigen Thätigkeit, in dem es seine heiligsten Interessen niederlegt, das es mit der vollsten Kraft seiner Eigenthümlichkeit erschafft. Einfacher und lieblicher Sinn spricht aus den Sagen und Liedern jener Insulaner, die, von dem unermeßnen Horizont des Stillen Oceans umgeben, auf weit entlegenen Inselgruppen einsam zerstreut sind. Auf leichtem Canoe schiffen ihre Götter auf der blauen Meeresfläche dahin, sie sitzen mit der Angel am Wellenrande, Inseln aus der See zu fischen, dem Menschen eine Stätte zu bereiten, sie kommen als buntgefiederte Vögel zum Opfer geflogen, Kunde zu geben dem Priester und König, auf dessen Worte die harrende Menge lauscht. In Australiens todten Wäldern schleichen scheußliche Ungethüme auf verborgenen Pfaden, den Wanderer in ihren langen Armen zu ersticken, und wenn es nächtlich in den Baumgipfeln säuselt, erspäht von dort der Böse seine Beute, auf die er vernichtend herabfallen wird. Fratzenhafter noch gestalten sich die feindlichen Dämone, die dem Neger im schwarzen Afrika aus dicht verschlungenem Blättergewirr hervorgrinsen, groß und klein in wandelnden Formen wandeln ihm Fetische überall, auf Schritt und Tritt Nachstellungen zu bereiten. Freier fühlt sich der Indianer, der auf Amerika's freien Prai-

rien streist, ihn, dem jedes seiner Jagdthiere erliegt, dem sein Gegner zu
stark ist, ihn schrecken die Götter nur wenig, die er sich indeß gerne in
zauberischen Weihen zu Schutz und Trutz verbindet. In Mejico's wech-
selnder Scenerie lebt mannigfaltig und vielgestaltig eine phantastische
Götterwelt, während auf der erhabenen Hochfläche des Incalandes, am Fuße
ewiger Gletscher, die göttliche Kraft rein und klar aus unbewölkter Sonnen-
scheibe herniederstrahlt. Wenn in altitalienischer Vorzeit die Götter Etru-
rien's, in das Schweigen räthselhafter Geheimnisse gehüllt, den Untergang
der Säcula erwarteten, so schwinden sie bald vor jenen frischeren Lüften,
die aus Hellas' Blüthezeit herüberwehend, ein reges Staatsleben erweckten,
im sonnigen Abglanz ewig junger Götter auf des Olympos helleren Höhen. An des Nordens düstergrauem Himmel fährt dröhnend der Donner-
gott durch flammendes Wettergewölf, im Sturme braust Odin dahin, der
Führer des wilden Heeres, aus dem weißen Gischt der schäumenden Wogen-
kämme erheben Rana's Töchter ihre grausen Häupter. Doch auch dort
wallt froher Lebensmuth in Germanien's Söhnen, wie in Walhalla rau-
schen die Schilde am Gelage zechender Recken und kühnen Muthes ziehn
sie hinaus, sich Beute und Ruhm zu erstreiten. Anders dagegen in jenen
beglückten Gefilden des Südens, wo die Natur mit reichen Händen ihre
Schätze verstreut hat; dort wo nicht die Noth des Lebens, der Widerstreit
gegen feindliche Elemente, die im Menschen schlummernde Energien wach-
ruft, den Kampf um's Dasein erzwingt, dort tritt Uebersättigung ein und
Ekel, in der ermüdeten Sinnlichkeit wendet sich der Geist dem Wirklichen
ab, einem metaphysischen Jenseits zu, in dessen chimärischen Träumen er
schwelgt. In ungeheuerlichen Phantasien ergeht sich die indische Dichtung;
die hundertleibigen und dreiköpfigen Ungethüme, die der feinsinnige Hel-
lene in den Tartarus verstößt, sie bilden das Ideal des Trimurtidieners;
der in knechtischer Verehrung an ihren Altären kniet. Aus dem Nabel
des Lotusgeborenen Vishnu erhebt sich das Brahma, tiefsinnig, beschaulich,
und als in sich verschlungenes Brahma verschlingt der Zerstörer die Welt,
deren Verjünger er sein wird. In rückläufiger Kette fügt sich Glied in
Glied, unanfänglich und endlos dreht sich in ziellosen Kreisungen der
Wesen ewig erneuter Ring. In kolossalen Dimensionen emporstrebend,
erhebt sich vor dem Geistesauge des mystisch versenkten Buddhisten
die transcendente Welt der Gedankenschöpfung. In des Raumes Mitte
steht ihm der Berg Meru²¹), in den Farben aller Edelsteine funkelnd,

in riesiger Ausdehnung nach oben und nach unten, an seinen Abhängen
tummelt sich ein buntscheckiges Heer von Kobolden, Zwergen, Trollen und
Jacks, Lindwürmer ringeln sich mit menschlichen Köpfen, Vogelgesichter
schauen aus den Zweigen, Feen und Elfen tanzen zu den Schalmeien der
Gandharvas. Phra-Inluen, auf weißem Ochsen reitend, hält dort seinen
Hofstaat dionysischer Freuden und Scherze, in den der Eintritt Jedem
offen steht, der sich nach den Plackereien des Menschenlebens einige Er-
holung zu gönnen wünscht. Auf dem Gipfel des Berges ragen nach den
vier Punkten des Horizontes die Paläste der vier Welthüter hervor.
Im Norden wehrt Dhanada, König der Truhlen, den Zugang, im Westen
Birupaliha, König der Drachen, im Süden Birudhaka, der Gnomenfürst,
im Osten Dhritaraschira, der Barbenfürst. Ihnen ist die Hut anvertraut
der himmlischen Höhen, die dort beginnen, zunächst mit dem Himmel Tuschita, dem Himmel paradiesischer Genüsse, in dem Indra, der allgewal-
tige Götterkönig thront. Die vier Markgrafen[22]) an den Grenzen des
göttlichen Reiches halten Wacht, in den Thoren ihres Palastes, hoch zu
Roß, das Schwert gezückt, denn beständig droht der Angriff des neidischen
Feindes, des hehren Lichtreiches Gegenbild im Reiche der Finsterniß. Am
Fuße des Berges Meru, in seinen Klüften und Schluchten, hausen die
Schwarzelfen Ezernobog's, die schwarzen Götter, die den Göttern des
Olympus ihren Himmel mißgönnen und ein Eigenthum wieder zu er-
obern suchen, dessen sie beraubt worden sind. Einst weilten sie in den
seeligen Gefilden, waren sie, die Asuren, die Götter der Menschen,
denen der würzige Opferdampf emporstieg. Sie verpraßten in üppigen
Gelagen die angehäuften Schätze ihres Tugendverdienstes, sie übten sich täglich in ritterlichen Spielen und empfingen fröhlich und gastfrei jeden An-
kömmling. So fand auch der fromme Maga bei ihnen Eingang, er und
seine 32 Gefährten, fromme Beter, gleich ihm im Betergewande. Sie
lasen mit den Genossen, doch nur Wasser ist ihr Getränk, und als ihre
lärmenden Wirthe, vom Weine berauscht, schlafend auf dem Boden liegen,
ergreifen sie die Eindringlinge und schleudern sie die Höhe des Berges hinab, in die Tiefen des Tartarus, während Maga den Hochsitz
Indra's besteigt und seine Gefährten die Stühle der 33 Götter. Haß und
Groll bewegt die Brust der gestürzten Titane, durch schnöde Arglist aus
ihrer Heimath vertrieben. Und wenn im Weltenfrühling der schattige
Wunderbaum des Himmels seine Blüthen öffnet, wenn ihr entzückender Duft

die Lüfte durchbricht, dann ergreift die Asuren ein unbezwingbares Sehnen
um das verlorene Glück, dann suchen sie Fels auf Fels zu thürmen, den
Himmel zu erstürmen. Doch die Wellenhüter stehen gerüstet und ge-
wappnet, ihre Schaaren zum Kampfe bereit. Rasch tragen die vier Winde
die Kunde in den Himmel, und Indra selbst zieht aus im glänzenden
Waffenschmuck, an der Spitze der Suren, mit den Götterfeinden zu streiten.
Wild entbrennt dann der Kampf, er wiederholt sich alljährlich mit dem
Wechsel der Monsuns. Wenn die so lange ungetrübte Azurbläue des
Himmels sich umdüstert, wenn unheilschwangere Wolkenmassen am Horizonte heraufziehen und jene Gewitter losbrechen, wie sie nur die Tropen-
zone kennt, dann sieht das Volk aus den Dünsten, die die schwarzen
Wälder umschweben, die Heeresmassen der Asuren herbeieilen, dann sieht es
in den züngelnden Blitzen die Donnerkeile Indra's, der seine Feinde zu
Boden schmettert. Dies ist der große Götterkampf in Indien, wie er sich
mit jedem neuen Cyklus der Monde wiederholt. In andren Religionen
bildet seine Episode, je nach dem Siege oder der Flucht der Götter, den ein-
leitenden Prolog oder den Abschluß der Schöpfungstragödie. Wenn die
Götter unterliegen, so bricht die Götterdämmerung herein, die Welt zerstiebt
in ihre Atome und eine neue Aera naht. Im buddhistischen Weltsystem
bildet dieser Götterkampf ein allzu nebensächliches Zwischenspiel, als daß
ihm irgend welche Bedeutung beizumessen sei, und es bleibt ohne weitere
Folgen, ob Indra als Sieger hervorgehe, oder ob er, wie es oft genug
geschehen, den Herrscherplatz seinem Gegner abzutreten hat. Unberührt
von allen diesen Kämpfen bleibt der nächste Himmel, der der Yama oder
Kampfeslosen. Weitere Himmel folgen, Himmel seligster Sinnesfreuden und
Liebeszauber, in denen sich jedoch die Liebe mehr und mehr verfeinert und
idealisirt. Nur durch Händedrücken vermählt man sich, durch Zulächeln
allein, schließlich im Anblick. Im siebenten Himmel thront er selbst, der
Herr der Schöpfung [22]), die Ursache alles Seins, der mächtige Liebesgott,
er thront dort als Kama, als Eros, der Schöpfergott, aber auch zugleich als Mara, der Gott des Todes, denn jedes Sein trägt den Keim
der Zerstörung in sich, jede Schöpfung bedingt ihre Vernichtung. Dieser
siebente Himmel bildet gewöhnlich die Grenze der religiösen Conceptionen;
bis zum siebenten Himmel trug Mohamed das Wunderroß Barak, dort
stand der Thron Allah's, des Ewigen, dem nicht zu nahen war. Dem
buddhistischen System ist dieser siebente Himmel eine verschwindende Ecke

in seinem Himmelsbau, und der sonst als allmächtigster Herr der Geschöpfe, als Verleiher und Spender himmlischer Seligkeiten verehrte und
angebetete Gott des siebenten Himmels trägt dem Buddhisten vielmehr
die Maske des Teufels. Ist es doch dieser Demiurgos, der die falsche
Welt des Scheins in's Dasein gerufen hatte, die trügerische Welt der
Sinnenlust, durch deren Reize er noch immer die Frommen zu verführen
und in seinen Schlingen zu fangen sucht. Dieser Beherrscher des siebenten
Himmels ist daher der erklärte Gegner Buddha's, der Widersacher jenes
Heiligen, der sein Reich zu entvölkern droht, indem sein Heilsplan den
Menschen zu erlösen, von den körperlichen Fesseln zu befreien sucht, ihn
von der unstät verschwindenen Fata Morgana des Irdischen hinweist auf
den Transcendentalismus des Ewigen und Unvergänglichen. So oft deshalb ein Buddha auf Djambudwipa, auf unserer Erde, geboren wird, erbebt
der Fürst der Schöpfung. Aus allen Reichen der Natur beruft er seine
Schaaren, die Dämonen der elementaren Kräfte, um durch gemeinsamen Angriff den in der Wiege schlummernden Säugling zu verderben, ein Kindlein
schwach und zart, aber umstrahlt von jener Glorie künftigen Buddhathums,
die jede Schädigung fern hält. Buddha's Reich ist nicht von dieser Erde,
von keinem der sieben Himmel, sein Reich liegt weit über sie alle hinaus, im
reinen Aether der Ideen. Weil jenseit des siebenten Himmels, des höchsten
und letzten der Sinnenwelt, beginnt in unendlichen Abständen von demselben
der erste und unterste Himmel der Buddhalehre, die Erste der Regionen,
zu der die in der Beschaulichkeit gereisten Gedanken[24]) aufsteigen, die Welt
und ihre Lust verachtend. Vier Dhyani ungeheurer Welten, My-
riaden von Sonnensystemen umfassend, wölben sich übereinander, und in
dem tiefsten derselben weilt Brahma, hier degradirt, wie Jao und Sebaoth
in der Gnosis. Das ganze Weltsystem der Buddhisten ist ausgemessen
und berechnet, sie kennen genau die Entfernungen der einzelnen Himmel
von einander, die Größe derselben, die jedesmalige Lebensdauer der sie be-
wohnenden Wesen[25]). Die Maße sind maßlos überall, zu kolossalsten
Summen addirt und übersteigen jede Fassungskraft. Die Entfernungen der
einzelnen Welten oder Terrassenhimmel von einander würden nur in unseren astronomischen Distanzen eine ungefähre Parallele finden, und gegen
die Dauer ihrer Perioden verschwinden die neuerdings von den Geologen
aufgestellten, die schon in solcher Fassung mancherlei Anstoß erregten, in
kleinliche Nichtigkeit.

Weder Millionen, Trillionen, noch Nonillionen wären genügend,
das zu bezeichnen, was die Buddhisten auszudrücken suchen und annähern
wollen durch Gleichnisse, bei denen der Verstand erstarrt, wenn jede
Grenze in Raum und Zeit verspottende Gebilde dennoch in die Schranken
dieser Categorien gezwängt werden sollen.

Man hat diese maßlosen Zahleaungethüme [26]) absurd und sinnlos genannt. Sie sind Beides, und außerdem unschön, ermüdend, Ueberdruß
und Widerwillen erweckend. Aber dennoch liegt ihnen ein Prinzip zu
Grunde, das innerhalb der buddhistischen Anschauung nicht ohne Berech-
tigung ist. Das Unzählbare oder nicht mehr Zählbare beginnt nach den
Bildungsgraden der Völker bei verschiedenen Abschnitten, und die buddhistische Phraseologie macht die verzweifeltsten Anstrengungen, auch solche
Summen noch auszuzählen, die schon längst für menschliche Gedankenreihen unfaßbar sind und deshalb an der äußersten Grenze der Rechen-
Operationen dem Unendlichen überlassen bleiben. Statt sich damit zu be-
scheiden, meint das Abhidharma das Unmögliche möglich zu machen, und
verlangt von sämmtlichen Größen-Combinationen, so hoch sie sich auch
potenziren, daß sie noch bestimmt unterscheidbare Relationen zu einander
bewahren, daß sie räumlich meßbar, zeitlich zählbar seien.

Unermüdlich die Vergleichungen der Verhältnißwerthe fortsetzend, gelingt es den Buddhisten, ohne die Ausdrücke des Unendlichen und Ewigen
verwendet zu haben, bis an das Ende ihrer Gedankenhimmel zu kommen,
die sie in 19 Terrassen, als Bedachungen der Chilio und Maha-Chilio-
kosmen übereinander bauen, und sie vermeiden zugleich die Schwierigkeit
des Anfanges [27]), jene gefährliche Schlinge des Alpha und Omega, die gewöhnlich die philosophischen Kosmogonien in ihren Maschen erwürgt. Der
Buddhist tritt kühn in die Mitte der Entwickelung hinein, wo sich aus
früher Gewesenem [28]) das Seiende im Werden gestaltet, und er läßt
die Wurzeln der Vergangenheit, der Zukunft und Gegenwart gleichmäßig
in dem eigentlich Realen auslaufen, das nur der Meditation zugänglich,
hinter den Sinnesgaukeleien steht, denen der Unverstand seine Realität
beilegt. In den Klassen der athmenden Wesen, die Alle mit gleicher
Nächstenliebe zu umfassen sind, hält der Buddhist die Reihenfolge pro-
gressiver Entwicklung fest, ja er schiebt dieselbe sogar bis in die anorga-
nische Natur hinein, indem die wandernde Seele unter Umständen auch

in Steine einzugehen vermag, während sich sonst ihre Laufbahn nur zwischen Pflanze und Mensch oder in den Mittelgliedern vom Wurm bis zum Menschen bewegt. Im Gegensatz zu der modischer eingeleibten Schule der Organosophen nimmt aber der Buddhismus seinen Ausgangspunct nicht auf der untersten Stufe des Thierischen, von wo die weiteren Fragen nach dem Vorangegangenen noch immer auf Untersuchungen über den Anfang des Anfangs weiterleiten würden, sondern bildet ihm den Ursprung die im Göttlichen verklärte Menschheit, aus unzugänglichen Höhen des Jenseits herabgestiegen, die ihrer Natur nach allen ferneren Grübeleien und also den Fragen nach dem Woher verschlossen bleiben, ehe nicht jene ursprüngliche Verklärung durch die Läuterung zum Buddha wieder erworben ist.

Die Wesensreihe zwischen Menschen und Thier zeigt für den Buddhisten nicht die allmählige Emporarbeitung eines irdischen Princips, ohne Kunde von wo, sondern die in die Materie versunkenen Attribute einer gefallenen Gottheit, die durch die erlösenden Worte des bereits Erlösten zu ihrem Urquell zurückgeführt werden soll.

Die Schöpfung ist für den Buddhisten nur die Erneuerung einer untergegangenen Welt. Die Weltzerstörungen werden durch verschiedene Agentien veranlaßt, durch Wasser, durch Feuer oder durch Wind. Sie bleiben in gewissem Sinne local, indem sie, je nach ihrem Eingriff, ein größeres oder geringeres Areal des Universums vernichten, immer aber die höheren Himmel der Beschaulichkeit, bald die des ersten Grades, bald die des zweiten oder dritten, unberührt lassen. Aus dieser Arche, die die Geretteten bewahrt hat, steigen dann ätherische Göttergestalten hernieder, um die frisch und jung aus ihren Elementen neu entstandene Erde wieder zu bevölkern.

Zu der Zeit, als noch nichts war, erzählt die Mythe, durchschwebten die Götter der Abhassara-Sphäre, des Glanzhimmels, die Leere des unendlichen Raumes. Als die aus allen Richtungen zusammengewehten Atome der Grundstoffe sich auf's Neue aneinander gereiht und den Planetenstern der Erde geformt hatten, da trafen einige jener die Weite durchstreifenden Lichtgötter die soeben aus dem Nichtsein aufgetauchte Bildung, und neugierig kamen sie näher, ließen sich auf die Erde herab, um zu sehen, was dort geworden sei. Die Erde lachte damals in aller Jugendschöne des Paradieses, und die Götter wanderten staunend zwischen ihren Herrlich-

teilen dahin, am Blumenduft gelabt, durch buntgefiederte Sänger in
tausendstimmigem Chor erquickt. Durch die mannigfaltigen Reize, die sie
vor sich sahen, hatten sie lange dort verweilt, und schon waren sie im
Begriff, nach ihrer himmlischen Heimath zurückzukehren, als sie eine schattige Kruste bemerkten, die unter ihren Tritten aus der Erde hervorge-
quollen war. Dieselbe erschien so lockend und verführerisch, daß sie sich
nicht enthalten konnten, die Finger auszustrecken, um von ihr zu kosten,
die auf der Zunge süß und lieblich zerschmolz. Doch damit war es um
ihre Gottheit geschehen; plötzlich fühlen sie ihren Körper, der irdische Nahrung genossen hat, schwer und träge werden, sie haften am Boden, sie
vermögen nicht mehr sich im Fluge zu erheben, zu den Höhen jenes
Himmels, aus dem sie gekommen. Die göttliche Glorie weicht von ihnen;
der leuchtende Glanz, den ihre Leiber noch eben ausgestrahlt, bleicht und
erlischt, stirbt hin in schwarzem Dunkel, und Finsterniß umnachtet die
klagenden Götter, die ihre Seligkeit verscherzt haben. Der letzte Rest des
Tugendverdienstes, das ihnen verloren geht, reicht eben noch hin, die
beiden Lichtkörper der Sonne und des Mondes zu schaffen, die jetzt die
Tage theilen, freilich nur ein matter Abglanz des ätherischen Lichtquells,
in dessen Strahlen-Atmosphäre sie früher athmeten. Die so durch eigenen
Fehltritt an die Erde gefesselten Himmelskinder häufen bald Schuld auf
Schuld. Die Productionen des Bodens verschlechtern sich, die Nahrung
wird gröber und roher, ihr reines und edles Gemüth wird umdüstert,
Leidenschaften erheben sich, die Sinnlichkeit gewinnt Macht, Zank,
Streit und Krieg bricht aus, die Laster nehmen überhand, und der göttliche Sproß sinkt tiefer und tiefer in den Schlamm der Materie nieder,
durch die Wucht seiner Sünden hinabgedrückt. Krankheiten und Alter ver-
mehren die Plagen des Lebens, der Tod tritt in die Welt, die Götter
sterben, sie beenden ihre Laufbahn als Menschen, und die mit Sünden
belastete Seele wird in die Banden eines neuen Körpers geschlagen, jetzt
in die eines unvernünftigen Thieres. Qualvoller noch ist diese Existenz
für den gemarterten Geist, dem noch eine schwache Erinnerung verbleibt
an das reine Glück, das er verloren, das um so unerreichbarer verschwindet,
je tiefer der Kreislauf der Metempsychose die Seele in das Thierische
hinabführt. Auf die höheren Thiere, auf Pferd, Elephant, Affe, folgen
Einkerkerungen in elendere Geschöpfe, bis zu den Fischen hinab, bis zu
Wurm und Raupe, vielleicht selbst in Pflanzen, in Bäume und Kräuter,

und schließlich, wenn alle Hoffnung entweicht, wenn selbst die Höllenstrafen erfolglos bleiben, verhaucht das Seelische in lebtes Gestein und in den Gährungen elementarer Kräfte vertheilt sich im Anorganischen das bloßer im organischen Typus zusammengefaßte Leben.

Nur indem die Seele in einem Menschenleibe weilt, kann sie aus Selbstbestimmung Buddha's Heilsworte vernehmen, und ohne diese wird sie beim Tode unerbittlich nochmals in den Strudel der Wiedergeburten hineingerissen werden, deren Menge keine Zahl auszuzählen vermag. Ernste und anhaltende Meditation [20] dagegen verleiht dem Geiste die Schwungkraft, deren er bedarf, um den von einem eisernen Schicksal zusammengenieteten Wesensring zu durchbrechen, um einzugehen in die Pfade, die zu dauernder Ruhe leiten.

Der Gründer des Buddhismus hat keine Versuche gemacht, das Harte und Strenge seiner Lehren irgendwie zu mildern. Die Bequemlichkeits-theorien mancher Religionen, ihre Pässe und Freibriefe auf dem Todten-bette, ihre Empfehlungen an Schutzheilige, ihre zauberkräftigen Gebets-formeln, diese und ähnliche Kunststückchen theologischer Nachgiebigkeit sind dem Buddhismus in seiner ächten und unverfälschten Form völlig fremd. Er weist alle solche Aushülfen [21] kalt und schroff zurück. Denn er jedoch seinen Bekennern jede Hoffnung nimmt, ihnen anräth, nicht auf morsche Stützen zu vertrauen, so wahrt er sie andererseits vor grundloser Furcht. Eine Gerechtigkeit waltet, unerbittlich und unbeugsam für Alle, aber Alle auch mit gleicher Reichlichkeit lohnend. Der bösen That folgt die Strafe, der guten ihr Lohn, untrennbar, wie der Schatten, die Folgen einer Ursach-wirkung bleiben nie aus nach dem Naturgesetz innerer Verkettung; vom Guten und vom Bösen seiner Handlungen hat der Mensch (nach einem beliebten Gleichnisse Gautama's) die daraus erwachsenden Früchte zu essen, ob in diesem Leben, ob in einer seiner anderen Existenzen. So liegt das Schicksal eines Jeden [22] in seiner eigenen Hand. Den Fehltritt, der begangen ist, tilgt keine Reue, kein Gnadeflehen, kein heißer Thränenstrom. Das Geschehene rollt weiter, seinem Ziele entgegen, kein Wehgeschrei wird es hemmen. Statt nuzlosen Jammers wird muthiges Handeln verlangt. Der Weg ist eben und deutlich angezeigt. Je größer die Schuld war, die der Sünder auf sich geladen, desto eifriger muß er darauf bedacht sein, Tugend-verdienst zu erwerben, desto mehr muß er jede Gelegenheit nützen, mit allen Kräften an seiner Errettung zu arbeiten. Jedenfalls bleibt ihm

immer die Aussicht, in den Umläufen[32]) seiner Wiedergeburten allmählige
Reinigung zu erlangen und schließlich das Triumphlied der Befreiung an-
zustimmen, wenn er die letzten Bande der irdischen Hülle zerreißt, denn
wie keine Ewigkeit überhaupt kennt der Buddhismus am Wenigsten das
entsetzliche Dogma[33]) von einer Ewigkeit der Höllenstrafen. Er berechnet im
Gegentheil die Belohnungen nach einem höheren Zinsfuß, als die Strafen,
denn die Folgen[34]) des Guten entfalten sich rascher, als die des Bösen, wie
Nagarjuna in seinen Gesprächen bemerkt, und bei gleicher Bilanz entscheidet die Wage für ein günstiges Urtheil.

Was nun den Stifter[35]) ihrer Religion, oder wenigstens den letzten
Reformator derselben betrifft, so besitzen die Buddhisten über dessen Leben
eine Menge kindlicher Legenden. Er sei von einer Jungfrau geboren, die
ihn durch himmlischen Einfluß empfangen, und die auch nach der Geburt
noch Jungfrau geblieben sei. Die Geburt des Säuglings wird durch
Engelchöre gefeiert und der Büßer Asita begrüßt in ihm den Verheißenen,
auf dessen Kommen er geharrt. Er wächst dann als Wunderkind auf, das
bald seine Lehrer an Verstand übertrifft, zieht sich zur Vorbereitung in die
Wüste zurück, widersteht den Versuchungen, wodurch ihn der Böse abzu-
lenken sucht, wird in seinem 30. Jahre unter dem Bodhi-Baume trans-
figurirt, und wanderte dann mehrere Jahre mit einem Haufen Jünger im
Lande umher, predigend und Wunder[36]) wirkend. Sein Lebensende war ein
ziemlich klägliches, indem er nach Zerstörung seiner Vaterstadt heimathlos
umherirrte, nur von seinem Lieblingsschüler begleitet, und als dieser für
den Dürstenden Wasser[37]) suchte, den Geist aushauchte, allein und verlassen.
Diese Erzählungen, an die die große Menge mitunter glaubt, weil sie
sich in den Schriften des Pitagat finden, sind nicht mehr und nicht weniger
werth, als die ähnlichen in andern Religionen, so daß es überflüssig ist,
darauf näher einzugehen.

In mystischer Auffassungsweise erhält die Lehre vom buddhistischen
Sündenfall eine eigenthümliche Erweiterung, die vielfache Beziehungen
zeigt zu der auf Kroton's Weisen und Aristobulos zurückführenden
Gnosis, die syrische und ephesische Lehren mit alexandrinischer Gelehrsamkeit durchflocht.

Die Lichtgötter der Dhyana-Himmel, so rein und heilig sie auch erscheinen, bleiben doch immer ein Theil der Rupa- oder Formenwelten, sie
gehören noch nicht dem eigentlichen Pleroma an, der ersten Tetrade, die

aus dem Bythos emanirte, sondern nur der von der verirrten Hälfte der Sophia geschaffenen Welt des mittleren Raumes. Die Seligkeit der dortigen Wesen ist eine unaussprechlich erhabene, aber trotz der nach Aeonen zählenden Dauer eine zeitliche, und insofern der Vollkommenheit ermangelnd. Dem Genusse ungetrübter Freuden hingegeben, versäumen sie, an ihrer weiteren Erhebung zu arbeiten, und es bedarf also eines neuen Falles auf der Erde, dieser für den Augenblick erniedrigenden Einkerkerung in das Menschenreich, um in letzter Absorption mit dem Urquell vereinigt zu werden, in ihm zu verschwinden. So gestaltet sich bei den gnostischen Ophiten die scheinbar so widerspruchsvolle Mythe von Ophis oder dem Schlangengott, als dem Boten von Oben, der sich in das Reich des ihm damals feindlichen Schöpfergottes einschleicht, und den Menschen seines eigenen Bestens wegen am Baume der Erkenntniß verführt, der aber dann, von dem erzürnten Herrn des siebenten Himmels in den Abgrund geschleudert, sich dort, aus Haß gegen die Ursache seiner Strafe, mit Satan oder Ophiomorchos verbindet, um gemeinsam dem Menschen Nachstellungen zu bereiten. In gleicher Weise erscheinen im Buddhismus die Nagas oder Schlangen eines Agathodämon als Bewahrer der Wissensschätze in Mahayana, während zugleich die Apostel des Buddhismus überall das Gewürm der Drachenschlangen oder Nagas bekämpfen, und ihnen, wie in Krishna's Legende, den Kopf zertreten. Das All theilt sich so in dem von Manes, dem Schüler des Buddha oder Terebinthus, gepredigten System eines scythischen Sakyamuni in zwei Hälften, in die schwarze und weiße, des Lichtes und der Finsterniß; der Sophia steht Sophia-Achamoth gegenüber, Adam dem Adam-Kadmon, Ophiomorchos dem Ophis, und indem nun die beiden letzten ihren Bund gegen das Menschengeschlecht schließen, beginnt (bei Zoroaster) die Herrschaft Ahrimans, wobei sämmtliche Menschenkinder erliegen, außer den Beni-Elohim, den Söhnen Seth's der Sabäer (oder Scheithans Banī Al Giams bei den Gegnern). Aehnlich läßt die buddhistische Schöpfungsmythe von den O Abhassara-Sprossen sich 8 in Paaren vermählen, während der Einzige dem Anachoreten-Leben gewidmet bleibt, um in stiller Zurückgezogenheit den von der Gottheit eingesenkten Funken unbefleckt zu bewahren, bis sich einst wieder die läuternde Flamme entfache, das Licht der Erleuchtung erstrahle. Soll nun auf's Neue das erlösende Wort erschallen, so hat Sophia-Achamoth, schlau wie die Schlange, arglistige Ränke zu schmieden, um die Geburt des

2*

emanirten Retters in das Reich des Ildabaoth einzuschmuggeln, und in analoger Weise finden wir in brahmanischen Mythologien so oft den täuschenden Trug gepriesen, mit dem Vishnu's Incarnation seine Gegner verblendet und in der Buddha-Avatara gleisnerische Lügen predigt.

In den Antithesen[*]) dieser Systeme knüpft sich eine labyrinthisch verschlungene Räthselstelle, die von kabirischen und orphischen Mysterien zu Abraxas-Diagrammen und Baphomet-Symbolen führt, mit den Tantras-Zeichen buddhistischer Geheimlehre in sonderbar gestaltete Arabesken verlaufend.

Unergründlich, wie gnostischer Bythos, tiefsinnigster Weisheit voll, erscheinen die Allegorien dem Profanen, der außerhalb des Tempels steht. Wenn aber der Wissensdurst die Thüren gesprengt, wenn er bis zum verschleierten Bilde vorgedrungen, — dann schaut es nichtig und leer, in hohle Schemen zerfließen die Fantasmagorien aus Wolkennebel gewebt und wesenloses Nichts gähnt überall. Geschreckt weicht Mancher zurück, wo solche Einöden drohen, und die Enttäuschung fürchtend, will selbstgetäuschte Verblendung in desto grelleren Farben, um die Gefahr nicht zu sehen, und gläubig festzuhalten am Mysterium des Unverstandenen.

Doch mögen wir ungescheut dahinfahren lassen, was nur in des Gedankens luftiger Bildung in Luft verschwinden muß. Uns ist ein neuer Morgen angebrochen, der Tag unerschöpflicher Schöpfungen, die stets verjüngt aus der Natur in Jugendfülle steigen und unseren Gedanken die ihnen bestimmte Nahrung zuführen.

Unsere heutige Weltanschauung bildet den diametralen Gegensatz zur buddhistischen[*]), die in einseitig vollendetster Consequenz die idealistische Richtung in den menschlichen Culturbestrebungen ausgebildet hat. Der Buddhismus lebt nur in seinen Ideen, im Reiche des reinen Gedankens, dem Wirklichen abgewandt, hat er sich eine abstrahirte Welt hervorgerufen, ein Universum ausgebaut, coloffal und grotesk, ein Monumentenwerk mühsam beschwerlichster Kunst. Ein Hauch jedoch, und Alles stürzt zusammen, wie die Geschichte lehrt. Auch in unserm Westen hatte lange des Menschen in sich gekehrter Geist ob der Beschaulichkeit Wunder gestaunt und schöpferische Kräfte zu spüren gewähnt, den Sphärenwagen zu lenken. Kein Wagniß war ihm dann zu hoch, um seine Macht zu erproben, bis er, durch das Schicksal verunglückter Dädalusflüge gewarnt, Bescheidenheit erlernte und seine Thätigkeit der nächsten Umgebung zuwandte, dem als Heimath angewiesenen Erbenhaus.

Jetzt erst beginnen unsere Ideen ihren realen Inhalt zu gewinnen, verkörpern sie sich auf's Neue in der großen Natur, aus deren Mutterschoße sie entsprungen. Der vermeintliche Gegensatz zwischen Geist und Körper verschwindet in der harmonischen Einheit beider, die nicht länger die asketische Ertödtung des Einen zum Besten des Andern erlaubt. Die Wissenschaft des heutigen Tages schwillt in vollsaftigem Leben, da der Geist auf seinem natürlichen Boden des Körperlichen wurzelt, und während die träumerischen Nationen Indiens, die mit Schrecken die Catastrophe des Weltenendes nahen sehen, hoffnungslos in den Verschlechterungsperioden der Menschheit versinken, hat sich uns ein fröhlicher Frühling erschlossen, im Lenze ein Fest der Freuden, wo die Geister erwachen, wo das Leben eine Lust. In wunderbaren Blüthen sproßt es rings empor, das an dem Busen der Natur genährte Wissen entfaltet seine Knospen auf allen Forschungszweigen, und schon breitet der Stamm seine schützenden Schatten, der in der Stille der Menschenbrust der Selbsterkenntniß Frucht zu zeitigen verspricht.

Anmerkungen.

¹) Die Sânkhyalehre findet die Befreiung in der philosophischen Erkenntniß, die den Geist von der Materie scheidet, der Buddhismus in der Weisheit oder Bôdhi, die außer der Meditation die Erfüllung sittlicher Tugenden verlangt, die Selbstpeinigung der Brahmanen verwerfend und die Werkheiligkeiten durch die sechs Cardinaltugenden (Pâramitâs) ersetzend. In der Lehre Buddha's, die Allen gepredigt wird, verlieren sich die Kastenunterschiede, wie in dem Wasser der vier Flüsse, die in den Ganges fallen. Die buddhistische Philosophie nimmt nur zwei Erkenntnißwege an, die sinnliche Wahrnehmung und die Folgerung (den Inductionsschluß), während die Sânkhyalehre noch das Zeugniß oder die Autorität (aus der Offenbarung) zufügt.

²) An Stelle der Gottheit in anderen Religionen steht im Buddhismus das Dharma, das allgemeine Gesetz, das Weltgesetz, physikalisches sowohl wie moralisches, und das Bewegende im Sein, die relative Ursache desselben ist Karman, als der nothwendige Ausdruck des in Ursachwirkung manifestirten Naturgesetzes. Man könnte nach Fichte's Worte verwenden (Die lebendige und wirkende moralische Ordnung ist selbst Gott, wir bedürfen keines andern Gottes und können keinen andern fassen. Es liegt kein Grund in der Vernunft, aus jener moralischen Weltordnung hinauszugehen und vermittelst des Schlusses vom Begründeten auf den Grund noch ein besonderes Wesen als die Ursache desselben anzunehmen), aber die Buddhisten sind dann nicht weiter geführt worden, in dem Tode, wie Forberg, ein „totales Ende" zu sehen, da für sie mit dem letzten Tode das wahre Sein erst beginnt, denn das Nirwâna, weit entfernt, die Vernichtung an sich zu sein, bildet nur die Vernichtung des Truges und also das eigentlich Reale. Im Sterben ist Leben (sagt das Dhammapadam), wenn der aufgezählte Sinnlichklump (der Leib) aus einander spaltet.

Innerhalb des Daseienden, das aus dem Nichts eines unbekannten Anfangs, einem unbekannten Ende entgegen, dem Menschauge vorüberzieht, ist nur der Umfang einer von diesem aus gezogenen Kreislinie dem Sehen deutlich, das jenseit derselben sich von Dunkelheit umgeben sieht. In diesem allein durchschaubaren Segment des All sind die (in Gegensätzen, deren Verblutungen und Auflösungen) zerstörenden und schaffenden Kräfte, dem Menschen nur in der einen Form allein verständlich, wie sie sich in seinem Bewußtsein manifestiren, und dort als harmonische oder disharmonische Gesammtstimmung, als

Tugend oder Laster in den Handlungen, als Gutes oder Böses in den Urtheilen zum Ausdruck kommen. Wünscht also ein logischer Zusammenhang auch das im Ersten und Letzten Waltende aufzuklären, so hat er in das dort Verhüllte die Folgerungen der aus dem eigenen Selbst verständlichern Verhältnisse erst hineinzutragen. Durch Karman wird Alles regiert, und Karman ist das Produkt menschlicher Handlungen, der guten als erhaltenden, der bösen als zerstörenden. Hierin liegt der Mittelpunkt des ganzen Systems, das eigentliche contrara gravitatis dieses und des Seins überhaupt. Der Mensch trägt die für ihn subjective Welt, er schafft und er vernichtet.

Im Menschen manifestirt sich dieses Karman als die nothwendige Vergeltung, die Folge von Ursache und Wirkung, die unbedingt für das Böse die Strafe, für das Gute den Lohn herbeiführt, die das Schicksal (die εἱμαρμένη) repräsentirt, aber nicht ein fatalistisches oder durch willkürliche Launen der Gnadenwahl gelenktes, sondern ein aus den Naturgesetzen innerer Verkettung hervorwachsendes, um der von dem Gesetz geforderten Gerechtigkeit zu genügen, die Welt ungestört in ihren Fugen zu erhalten. Ein Bruch des Karman würde einen allgemeinen Zusammensturz herbeiführen. Durch Karman stehen deshalb alle Welten in Wechselwirkung, vermag der Büßer sich die Götter dienstbar zu machen, der fromme Beter die Seligen für seine Hülfe zu citiren, während die Bewohner der oberen Himmel wieder durch ihren Einfluß das Walten der Naturkräfte reguliren. In den Rupa-Welten äußert sich das Karman weniger aktiv, es liegt gewissermaßen dort latent, bis eine Existenzumwandlung das Wesen wieder tiefer hinabführen sollte, und nur der Herr der untersten Dhyana-Terrasse muß zuweilen der Mächtigkeit der Anziehung nachgeben, wenn Buddha selbst ihn herbeiruft. Auch christliche Heilige, die Frevler und vor allem Zweifler mit plötzlicher Blindheit, Lähmung und Krämpfen zu strafen pflegten (l. Rückert), konnten citirt werden. Nec moratur effectus, si petitionis tantum justa profoatur oratio (Gr. Glor. Mart.). Der Uebergang in das Nirvana findet nun aus derjenigen Existenzform statt, in der das Karman am kraftvollsten waltet, aus der Menschenexistenz, und so oft deshalb ein Buddha die Fesseln des Seins zersprengt, wird mit dem frei werdenden Karman eine Fülle lebendiger Kräfte durch den Weltraum verbreitet. In der harmonischen Vollendung des Dharma tritt dann der Buddha aus dem Scheinkörper irdischen Doketismus in die Realität des Nirvana über und verbleibt im Parinirvana, um durch moralische Kräfte das bei der dritten Person (der Sangha) zurückgelassene Gries zu stützen und die Weltordnung zu erhalten, bis ein Nachfolger auf Erden sein Lehramt vertritt, worauf dann der vorangegangene Tathâgata im Mahaparinirvana verschwindet, sich den Blicken und Gedanken Irdischer entziehend, in einem unter jeder Fassung unbegreiflichen Jenseits.

[1]) Außer den Arhata oder Jaina finden sich Brihaspati's atheistische Schüler (Lokayata, Varhaspatya, Charvakas) als Sunyavadin mit den Sanghats verknüpft und unter den Vaishnavas die Karmamîmas.

[2]) Ni-pon (Yang-kou) oder Si-pen (Japan).

[3]) Die Heilswahrheiten, als der Schmerz, die Erzeugung des Schmerzes, die Vernichtung des Schmerzes und der Weg, welcher zur Vernichtung des Schmerzes führt. Die auf den alten Buddhabildern geschriebene Glaubensformel (an deren Stelle später Om

mani padme hum tat) lautet: Die Wirkungen, wie sie aus Ursachen erscheinen, hat in diesen Ursachen Tathâgata erklärt, und ihres Verschwindens Ursache ist gleichfalls vom erhabenen Sramana dargelegt.

⁷) Nach Demokritus' Corpuskulartheorie bringen die von den Gegenständen ausströmenden Bilder in die Seele ein und regen sie auf.

⁸) Alles schwindet, Phantomen gleich, im Weltall dahin, und Leiden treten dem Menschen in dem Erdenthale und in der Geister Bedauung. Eitel und trugvoll ist der Leib, einer Schilfpalme gleich, ein heimlicher Feind und unpersönlich, gefährlich ist er, ihm zu nahen, wie einem Gefäße mit Schlangen gefüllt. Drum zürnte dem Leib der Heilige, drum zürnt ihm Buddha, sang Nâchmâgesha zu einer schwermüthigen Tonart auf den Marktplätzen und an den Straßen-Ecken Puschkapura's, von einem Chor der Sänger und Sängerinnen umgeben, mit Musikbegleitung. „Wozu dies Lachen, Fröhlichkeit und Scherzen? Ist Alles doch des bittern Kummers voll! Ach, hier umhüllt von düsterer Nächte Dunkel, laß uns zum Licht nur streben hin." heißt es im Dhammapadam.

⁹) Die Dreiheit Buddha's (in Gegenwart, Vergangenheit und Zukunft) in den Tri-Ratna (Buddha, Dharma, Sanga) überträgt sich in tibetischer Kosmogonie auf Mandschnari, Avakitesvara und Valochrapani oder hierarchisch auf Tsongkaba mit den Jüngern zur Rechten und zur Linken. Wenn der Buddha in seiner letzten Existenz sich in dem jungfräulichen Leib seiner Mutter verkörpert, so kommt er aus dem Götterhimmel Tuschita; ὥστε γὰρ ἐναυθρώπησεν, ἵνα ἡμεῖς θεωποιηθῶμεν (Athan.).

¹⁰) Es waren die drei Wahrzeichen, der Krankheit, des Alters und des Todes, die den in den Genüssen des üppigen Hoflebens erzogenen Prinzen zum Einsiedlerleben veranlaßten. Gleicher Melancholie erwähnt Herodot bei den Trausern, Strabo bei den Nachbarn der Derbiker. Auch von den Alt-Mexicanern wird erzählt, daß sie den Neugebornen bemeinten, den Gestorbenen selig priesen.

¹¹) Die Gati oder Wege (der Wiedergeburten) verlaufen (gute und schlimme) in Götter, Menschen, Asuras, Thiere, Prêtas, Höllengeschöpfe neben Râkshasas, Jakschas, Nâgas, Mahôragas, Khumbândas, Kinnaras, Gandharbas, Garudas, Piçâtschas. Das Schicksal ist das Product des Verdienstes oder Schuld. Die aufgehäufte Sündenschuld der athmenden Wesen führt die Vernichtung herbei, im vereinten Tugendverdienst liegt die Kraft der Wiederherstellung, das Karman verknüpft die Wiedergeburten.

Die dike ist immer nahe (singt Euripides), dicht folgt sie zur Seite. Wie das Karren-Rad dem Zugthier. Alles wird vom Karman (der Verknüpfung von Ursache und Wirkung) regiert.

¹²) Beim Erlöschen ist die Reihenfolge der Nidana eine umgekehrte. Die in der Entfernung von der Quelle des Ausflusses immer schwächer werdenden Emanationen finden ihr völliges Ende schließlich in der Materie (nach Plotin).

¹³) Man hat Schwierigkeiten gefunden, das Interesse der Vergeltung in einem andern Leben mit dem buddhistischen Läugnen der Persönlichkeit (des Atman) in Ein-

Klang zu bringen, nach dem Gleichniß vom Wagen, dem man (im Milinda Panno) einen Bestandtheil nach dem andern, die doch jeder nicht der Wagen sind, fortnimmt und nach Entfernung aller fragt, wo ist denn nun der Wagen? Also ist er als ein Name? Obwohl indeß für den das Nirvana Belauschenden die Schranken der Ichheit fallen, so können diese nie abgestreift werden von denen, die noch im Sansara der Metempsychosen umherirren. Als Abbassara-Sprossen waren sie mit einer besonderen Individualisation in dieselbe eingetreten, und so oft sie nun auch ihre Gestalt verändern mögen, stets werden sie durch die Gestalt des Karman wieder an eine Existenzform geschmiedet, wo alle ihre Elemente in denselben Wechselwirkungen zu einander stehen, wie anfänglich, so daß die individuelle Fortdauer nicht abreißt (oder vielmehr, obwohl momentan abgerissen, sogleich wieder erneut wird), da die Skandhas, die gleiches gesündigt und gleiches geleistet, auch gleiche Strafen und Belohnungen empfangen müssen, und zwar in gleichen Beziehungen ihrer verschiedenen Verhältnisse zu einander, also in gleicher Wesenheit. Diesem Bann entrinnt kein Irdischer, keiner der Götter, keiner der Dhyani-Beschauer, und erst wenn die harmonische Erfüllung in dem zum Buddha Geläuterten reift, wenn das Nirvana geschaut wird, zerfließt die Macht des Karman und dann ist keine Rede mehr vom Ich. Die größte der Thorheiten ist deshalb der Selbstmord, da derselbe einen Lebensfaden gewaltsam zerreißt, der mit zwingender Nothwendigkeit sogleich wieder angeknüpft wird, und zwar unter noch weit ungünstigeren und qualvolleren Verhältnissen, weil eben ungeitig und frühzeit getrennt. Ausdulden und Leiden ist die Losung. Nur wer sanftmüthig und nachgiebig unter der Wucht des ihn übermannenden Schmerzes vergeht, tritt geläutert hervor und wandelt, als fortan gegen Bedränger gefester Arya auf den hohen Pfaden der Nirwana-Sucher, nicht weiter aufregbar, noch zu erschüttern, wie eine zerbrochene Trompete (nach dem Gleichniß des Dhammapadum). Der so Geheiligte mag dann den Körper verbrennen.

¹) In Nepal werden noch die Plätze der Bodhisattwa eingeschoben.

²) Obwohl der Buddhismus in der durch das Erscheinen eines fünffachen Buddha's beglückten Bhadra-kalpa diejenige Epoche des Dualismus festhält, in der (während der Utsarpini) die Herrschaft des Guten triumphirt, so erhält sich doch der Streit der Principien in dem am Kloster Lba-brang gefeierten Jahresfest, wo der phantastisch aufgeputzte Geisterkönig dem Groß-Lama zur Disputation entgegentritt und bei gleicher Bilanz der beiderseitigen Argumente erst durch den Zufall des Würfelwurfes überkommen wird. Der Buddhismus schuf sich dann in seinen Dragsched Engellegionen der Anushaspands, um Tschotkur und seine Trabanten im Zaume zu halten, und schließlich manifestirt sich Adi-Buddha (Chogi Dangpoi sangye) in den Dhyani-Buddha (Anupadaka oder elternlos) zuerst als zorniger Jehovah (Vajrasattva oder Dorjesempa), dessen furchtbare Wandlung später seinem Diener Elias (oder St. Georg) verbleibt. Und schreibt sant Gregorius in syne buche genant dyalogus, das ein heiliger einsidel sach, daß der bebest Johannes und Symachus, die er vor gedötet hatte, disen Dieterich von Berne furtent in einem falcani, das is in die helle, barbeutel und barfuß und die hende hünter sich gebunden, un werfent in das höllesche fur. Es nam Dieterich von Berne ein schröd liches ende. (Twinger von Königshofen).

*) Besonders dem fanatischen Islam gegenüber zeichnet sich der Buddhismus durch seine Toleranz aus, durch den schon auf Piyadasi's Säulen niedergeschriebenen Spruch, daß alle Religionen gleichmäßig zu ehren seien. Weit entfernt, für seine heiligen Schriften eine Unfehlbarkeit zu erlangen, erkennt der Buddhist bereitwillig an, daß seine Religion, so werthvoll sie ihm auch sei, vielleicht für andere Völker und Zonen weniger angemessen sein dürfte, und daß diese deshalb gut thäten, bei den ihrigen zu verbleiben. Weit entfernt, frommen und edlen Heiden die Seligkeit abzusprechen, weil ihr Glaube nicht der rechte gewesen, haben die Buddhisten einen ihrer erhabensten Himmel, den des dritten Thrones, ausschließlich für die Tugendhaften fremder Religionssecten reservirt. Die in die Fremde gesandten Apostel erhielten den Auftrag, wo sie Vernünftiges gelehrt fänden, dasselbe zu adoptiren und als das Wort Buddha's zu betrachten. Alles, was mit den vorhandenen Sittenvorschriften und der Lehre Buddha's übereinstimmt, muß als gesetzlich anerkannt werden (wurde auf der Synode zu Vallali beschlossen). Als Sakyamuni auf Djambudvipa die fanatische Lehre verkündigte, gab er zugleich den übrigen Völkern Gesetze, wie sie der Denkart eines Jeden angemessen waren (s. Bergmann), so daß für den siamesischen Buddhisten (s. Crawfurd) alle Religionen nur Spaltungen der Einen Wahren sind, wie die fünf Finger an der Hand, nach dem Gleichniß Kudlal's (s. Ruschbrook). In den buddhistischen Staaten hat man den Missionären stets willkommenen Empfang bereitet, und ihrem Streben, wenn sie sich von politischen Intriguen frei blieben, niemals Hindernisse in den Weg gelegt, während zugleich die Belehrungen klassischer Wissenschaft mit Dank entgegengenommen wurden.

Als vor einigen dreißig Jahren die französische Mission bei dem König von Siam um Erlaubniß bat, sich in seinem Lande niederlassen zu dürfen, gewährte sie ihm dieser mit größter Bereitwilligkeit. Er wünschte den Missionären den besten Erfolg und versprach ihnen, sobald sie eine Gemeinde gebildet haben sollten, dieselbe unter eine besondere Gerichtsbarkeit zu stellen. Dazu ist es beim Mangel an Convertiten nie gekommen, dagegen hat sich die europäische Civilisation dort in anderer Weise verwolgt. Auf dem Grundstück, das der freisinnige König Siam's den fremden Ankömmlingen überließ, stand ein buddhistischer Tempel, der von den Anwohnern zu ihrem Gottesdienst benutzt wurde. Dem katholischen Bischof, der sich mit seinen anamitischen Christen in der Nähe niedergelassen hatte, war die Pagode ein Dorn im Auge, und er erzählt es selbst mit offenkundiger Freude, wie seine Zöglinge sich bald daran gemacht hätten, dieses Götzenhaus zu entweihen und zu beschädigen. Die Dorfbewohner, die dort anzubeten gewohnt waren, machten Gegenvorstellungen, man antwortete ihnen mit Spott, so daß sie ihre Klage vor den Thron brachten und um Schutz baten gegen den ihrer Religion zugefügten Hohn. Der König hörte sie gelassen an, rieth ihnen indessen als die Klügeren nachzugeben und die Bildnisse, die uns Erinnerungszeichen seien, anderswo hinzusetzen, denn in Sachen der Religion handle es sich um wichtigere Interessen, als um solche Kritteleien (mit Barbaren).

Ein Vorgänger dieses Königs fühlte sich nicht wenig überrascht durch den ex abrupto seitens Louis XIV. gemachten Vorschlag, zum Christenthum überzutreten, und drückt in dem (von La Loubère mitgetheilten) Antwortsbriefe seine Verwunderung aus, daß sein königlicher Freund sich so eifrig für eine Angelegenheit interessire, die aber Gott anginge, und die dieser gerade in dem Sinne einer Vielsachheit der Religionen ent-schieben zu haben scheine. Im Laufe des Religionsgesprächs, zu dem der übeliche Regent die Missionäre (Hue und Gabet) aufgefordert hatte (um unpartheilisch ihre beiderseitigen Glaubensgründe zu prüfen), äußerte Jener: Les variétés sont les mœurs, nous ne differons que dans les explications. Er gab nur zwei Differenzpuncte zu l'origine du monde et la transmigration des âmes. Die Seelenwanderung wollen die Buddhisten nicht gerne aufgeben, weil ohne sie (als Purgatorium) die Vergeltung nicht ab-gebahnt werden könne, und es ungerecht scheine, Ganz-, Halb- und Viertel-Gute alle mit einander nach demselben Himmel zu schicken, oder leichte Verbrecher und unverbesserliche zusammen nach einer und derselben Hölle. Obschon fügen sich die Transmigrationen so bequem ihrem kosmologischen Systeme ein, daß sie nur mit diesem fallen werden, ein Er-eigniß, das freilich in manchen Ländern des Buddhisten in naher Aussicht zu stehen scheint, da sie über die Anordnung des Weltalls, in europäischer Astronomie belehrt, zweifelhaft werden, wo sie den Centralberg, wo die Himmel, wo die Höllen placiren sollen. Die fremde Wissenschaft spricht sich darüber nicht aus, und was die fremden Missionäre, nach den von ihnen selbst verwandten Ausflüsten, an die Hand zu geben bereit sind, scheint dem logisch geschulten Denken der Buddhisten nicht geeignet, die Schwierigkeiten zu lösen. Ganz unverständlich bleibt denselben indeß bis jetzt, was mit der Schöpfung gesagt sein soll, mit dem Machen aus Materialien, die noch nicht vorhanden gewesen (in einer Substanz, deren Essentia ihre Existentia involvirt), mit jenem thönernen Statuenmensch angehaucht durch einen Mann, den sie mit einem ihrer Dämonengötter zu identificiren geneigt sind, daß mit Mara, bald mit Maha Brahma, die man aber nirgends wieder einen Ruhepunct finden würden, wenn wissenschaftliche Dictate die Himmelsterrassen bekräftigen, in denen sie bisher zu verweilen pflegten. Diese Zerreißung zwischen fremder Wissen-schaft und fremder Religion hat schon manchem buddhistischen Wahrheitsforscher schweres Kopfzerbrechen verursacht, und wird ihnen dann vor Allem so dumm, als ginge ein Mühlrad im Kopfe herum, so finden sie drin ein Mysterium. „Man fragt Kinder von 6—7 Jahren: Wie viel Götter haben wir? Es antwortet, wie ein Papagei: Einen. Der Schullehrer fährt fort: Wie viel Personen sind in der Gottheit? Drei! (nach den symbolischen Büchern). Nachdem die fünf Fragen: wer hat dich geschaffen? wer hat dich erlöst? wer hat dich geheiligt? in wie viel Tagen hat Gott die Welt geschaffen? woraus ist sie gemacht? beantwortet sind, lehrt man dem Alter die wunderbare Geburt des Welterlösers von einer reinen Jungfrau, ohne Zuthun eines Mannes, nur durch die Ueberschattung des heiligen Geistes, die Auferstehung, Höllen- und Himmelfahrt, das Verdienst Christi durch den Kreuzestod ꝛc., den Sündenfall der ersten Eltern und der Engel, den Teufel und seine Spießgesellen, eine allgemeine Kirche, ein ewiges Leben oder eine ewige Verdammniß, die Qual im Gewissensstuhl und was sonst in dies Register gehört" (bemerkt der Kgl. Pr. Obergerichts-Rath O. G. Hösche in Bromberg, 1797). Auf ähnliche Fragen schiebt Bonwick das Aussterben der nach ihm zu Tode katechisirten Tasmanier.

**) In den ersteren Auffassungen wird die Zerstellung des eigenen Körpers zum Besten anderer selbstverständlich. Dem hungrigen Tieger giebt sich der Heilige zum

Groß. Wunden, in denen Würmer erzeugt sind, dürfen nicht mit, diese tödtenden, Arzneien behandelt werden, und Buddha's Hingabe an die Welt wird überhaupt als ein Opfer aufgefaßt, indem er in allen Wesensformen zum Besten der Menschheit erschienen und gestorben sei, sich am eclatantesten aber noch einmal in der Existenz des Vessandhara, der Vorstufe zum Buddhathum, aufgeopfert habe. Auch seine asketische Ertödtung wird gepriesen, während ursprünglich Buddha gerade deshalb mit den Brahmanen brach, weil ihm deren Kasteiungen für ernsthafte Meditation nachtheilig erschienen, da die Gesundheit der Seele einen gesunden Körper verlange. Ebenso waren die jainistischen Scrupel, Wasser, wegen des darin enthaltenen Lebens nur durchgeseiht (wenn überhaupt statt Baumsäfte) zu trinken, die manichäische Erweiterung des Verbots des Schlachtens bis auf das Kochen des Reis, worin Keimkraft ertödtet werden würde, und ähnliche Bedenken, Naturgegenstände zum Besten des Selbst zu verwenden, dem Buddhismus in der einen oder andern Periode nicht fremd.

[17] Im Stande des Dhiân muß man während des ganzen Lebens das Gelübde der Keuschheit üben, und wem dies nicht möglich ist, der begnügt sich mit dem Stande des Upâsaka, mit der Verpflichtung, während des ganzen Lebens die Neigung zum Mord, zum Diebstahl, zur Hurerei, zur Lüge und zum Trunk zu unterdrücken. (I. Neumont.)

[18] Das Nachgeben der dem Menschen natürlichen Triebe constituirt für die Buddhisten keine Sünde, d. h. nicht die Uebertretung eines Gesetzes, denn wie der Verbieter, fehlt jedes Verbot. Nach ihren Erstem jedoch muß jeder Sinnengenuß, besonders der geschlechtliche, schwächend auf den Geist zurückwirken und raubt ihm alle einen Theil der Spannkraft, deren er in ganzen Maße bedarf, die Befreiung zu erringen. Wer den Naturtrieben nachgegeben neigt, mag es thun, sein freier Wille allein entscheidet. Er muß aber wissen, daß er sich dadurch weiter und weiter in die Verschlingungen der Wiedergeburten verstrickt und den Augenblick der Befreiung in immer entlegenere Ferne hinausrückt.

[19] Ermold Nigellus besingt (824 p. d.) den frommen Bischof, dessen Anwesenheit in Straßburg die Verbrechen der Bewohner stillt:

Hac Bernolde! manos devotus in urbo sacerdos
Commissae plebis fera pia vota Deo.

[20] Durch seine passive Weltauffassung, durch die thatenlose Hingabe an die Umgebung, kommt der Buddhist in beständigen Konflikt mit der rauhen Wirklichkeit, in einen Kampf, in dem er unterliegt, da er nicht zu siegen versteht. Im buddhistischen Gemeinwesen fehlt jeder Fortschritt, jedes Streben nach Verbesserung; das Bestehende gilt als das Vernünftige, ohne daß seine Vernünftigkeit von dem Urtheil des vernünftigen Geistes abhängig gemacht wird; und was immer sich durch Uebermacht sein Bestehen sicherte, wird als zu Recht bestehend angenommen, indem sich der Einzelne von seinem kurzsichtigen Einblick aus nicht für befugt hält, an der Weltordnung zu rütteln, wie er sie vor sich sieht. Indem ihnen alles alles (Gewordene) seinen gesetzlichen Grund in sich trägt, weshalb es so geworden ist und nicht anders hat werden können, so erkennen sie damit die in der Gesellschaft bestehenden Standesunterschiede, die Staatseinrichtungen, inson-

halb welcher sie leben, als naturgemäß berechtigt an, die als solche heilig zu halten seien. Obwohl der Gottesbegriff dem Buddhismus abgesprochen wird, so sind doch nirgends die Fürsten und Herren so sehr von Gottes Gnaden eingesetzt, als gerade im Buddhismus. Der Reiche und Glückliche auf Erden ist unter diesen Verhältnissen geboren, in Folge eines in früheren Existenzen eingesammelten Tugendverdienstes, er genießt jetzt die wohlverdienten Belohnungen, die er sich in früheren Einkörperungen durch schwere Büßungen, durch Aufopferungen, durch harte Kasteiungen erworben haben wird, und wer sich heute durch Armuth und Elend bedrückt fühlt, der wird deshalb gleiche Kasteiungen zu machen haben, um, wenn nicht schon in diesem Leben, doch im nächsten die Früchte zu genießen. Ohne sich abzumühen, das gegenwärtige Erdenleben, das ohnehin im Mannesalter schon zur Hälfte abgelaufen ist, zu verbessern, wird er lieber thatenlos dem Tode entgegensehen, der ihn von selbst in eine behäbigere Existenz versetzen mag. Nach Eulenspiegel's Maxime, beim Bergaufsteigen zu lachen, beim Absteigen zu weinen, fühlt sich deshalb der Niedrige im Ganzen doch in einer glücklicheren und zufriedeneren Lage, wenn er sich mit seinem Nachbar vergleicht. Der Letztere hat einen großen Theil der ihm zukommenden Freuden schon genossen, während für ihn selbst die ganze unberührte Fülle derselben noch in Aussicht steht. Für einen Reichen ist es schwer, in den Himmel einzugehen, und im Allgemeinen liegt deshalb immer die größte Wahrscheinlichkeit vor, daß der in dieser Existenz mit allen Glücksgütern Gesegnete in der nächsten wahrscheinlich für verübte Sünden, deren Verführungen er nicht zu widerstehen vermochte, Buße zu thun haben wird, wogegen der ehrliche arme Teufel, der weniger Anlaß zum Bösesthun hat, nach dem Tode wahrscheinlich darauf rechnen darf, mit einem göttergleichen Körper bekleidet zu werden. Der Buddhist hegt deshalb für die Mächtigen und Uebermüthigen, die ihn unterdrücken, weniger das Gefühl des Hasses, als das des Mitleids. Er bedauert sie, denen so viele Gelegenheit gegeben sei, ihre endliche Befreiung anzustreben, die jedoch diese Vortheile leichtsinnig verscherzen und deshalb späteren Strafen nicht entgehen werden. Indem sich dieser Grübler nur als Weltbürger fühlt, als verschwindendes Moment in einer langen Reihe von Wiedergeburten, so hält er es nicht der Mühe werth, für die kurze Spanne seiner diesmaligen Existenz behagliche Einrichtungen zu treffen, sich als Staatsbürger zu etabliren. Er befindet sich auf der Wanderung zur ewigen Stadt, die in ferner Zukunft liegt, hier auf der Erde campirt er nur im flüchtigen Bivouak.

Die Buddhisten tragen keinen Augenblick Bedenken, es offen und rückhaltlos anzuerkennen, daß jeder Glücksfall der Lohn einer guten, jedes Unglück die Strafe einer bösen That sein muß. Für ihre Anschauung fehlt das Verletzende, das anderswo in dieser Auffassung liegen würde, wenn das jetzige Menschenleben als einzige Vor-Existenz gilt und also die in ihm Vereinigten in Verbrecher und Tugendhafte getheilt werden würden. Dem Buddhismus sind aber Alle mit einander gleich große Sünder, Alle die Sprossen der gefallenen Gottheit, und die Vertheilung der Glücklichen und Unglücklichen in diesem Leben ist nur die zusammengewürfelte Phase aus den Folgen einer großen Masse von Verdienst und Verlust, in langer Reihe von Vor-Existenzen gesammelt. In dem nächsten Leben mag Alles wieder anders sein und sich vielleicht das Gegentheil zeigen. Der heute Beglückte erfreut sich allerdings der lieblichen Frucht irgend einer Tugendhandlung, der Elende neben ihm nagt am sauren Apfel begangenen Lasters, aber damit ist nicht das Mindeste für eine Abmessung des Tugendwerthes Beider ausgesagt, denn der Unglückliche sühnt jetzt möglicherweise seine letzte in früheren Existenzen begangene Sünde und hat von jetzt an nichts als Freuden und Glück in Aussicht, die angehäuften Belohnungen unermeßlicher Tugenden, während der Glückliche zufällig in diesem Augenblick die Frucht einer beiläufig geübten Tugendhandlung genießen könnte, für später aber nur mit Strafen bedroht wäre, die ihm aus zahlreichen Lasterhandlungen drohn, zumal wenn er nun diesen kurzen Sonnenschein des Glücks nicht benutzt haben sollte, seinen Geist durch Lossagung von den irdischen Verführungen zu läutern. Obwohl die Buddhisten indessen im Ganzen und Großen den nothwendigen Zusammenhang der Ursachwirkungen in den Lebensverschiedungen erkennen, enthalten sie sich doch der speciellen Ausdeutungen und dessen nicht etwa die Anmaßung, wenn, wer heute die Fasten gebrochen, morgen ein Bein bricht, dies als ein Strafgericht zu erklären. Der Blinde, wenn er nicht selbst in diesem Leben gesündigt, büßt nicht ungerechter Weise für die Fehler seiner Eltern, sondern für seine eigenen in vergangenen Existenzen, aber das Warum und Wie zu erklären vermag Keiner und ist Niemand befugt, außer dem zum Bodhi Erwachten, der bereits das Weltgesetz (das Dharma) in Vergangenheit und Zukunft durchschaut.

Aus dieser Anschauungsweise geht nun ferner hervor, daß, wenn der Buddhist unter seinen Gebietern seltene Ausnahmen trifft, die die gebotene Gelegenheit, Gutes zu thun, ernstlich benutzen, solche Leutseligkeit desto höher gefeiert und gepriesen wird. Für den Tyrannen, der sich den Lastern ergiebt, der das Volk bedrückt, martert und foltert, hat er (zur Rache, zum männlichen Widerstand nicht energisch genug) nur Worte des Bedauerns; der König dagegen, der im wahren Sinne König ist, der mit Erbarmen und Wohlwollen auf die Untergebenen herabblickt, der ihr Loos zu lindern sucht und dem Lande die Segnungen des Friedens schenkt, ein solcher Herrscher bleibt für sie das Ideal der Menschheit, denn er repräsentirt ihnen eine Menschennatur, die durch eine lange Reihe von Tugendübungen zur höchsten Stufe emporgestiegen ist, und die auch dort nun, ohne vom Glücke berauscht zu sein, eifrig und ernstlich weiterer Vollendung entgegenstrebt, die also wahrscheinlich in ihrer nächsten Existenz die Erlösung als Buddha erlangen wird. Allgeliebte Monarchen führen deshalb auch den Titel Phaya Aluen oder embryonaler Buddha, d. h. ein Menschenwesen, das auf dem Wege ist, ein Buddha zu werden. Es ist für den Niedrigen und den Hohen schwer zum Heile zu gelangen, für den Hohen aber sicherlich am schwersten (heißt es in Piyadasis Inschriften). Für den aus niedrigem Geschlecht geborenen ist es leichter, in den geistlichen Stand zu treten. Als für den Hohen. Auch in Kalidasa's Sakontala wird das Unglück, das den Menschen plötzlich trifft, ohne daß er sich einer Schuld, durch die er es verdient habe, bewußt wäre, als eine Folge seiner Vergehungen in einem früheren Leben betrachtet.

³¹) Der achteckig in den Farben verschiedener Edelsteine glänzende Berg Meru, der eben den Himmel trägt, unten die Höllen birgt, ist (von den vier Continenten umgeben) durch sieben Meere und sieben Gebirgsringe eingeschlossen bis zu der Felswand des

Tschakrawâla. Auf die den Uebergang von der Kamabhâtu zur Rûpabhâtu vermittelnden Stufe des ersten Dhyâna folgt die des zweiten, 1000 Tschakrawâlas (ein kleines Weltentausend oder Chiliokosmos, wie Rémusat übersetzt) umfassend, dann die des dritten, ein mittleres Weltentausend (1000 kleine Weltentausend) überdachend und weiter die des vierten, ein großes Weltentausend (1000 mittlere Weltentausend) einbegreifend. Tausend große Weltentausend bilden ein Buddhagebiet und auf dreitausend große Weltentausend stützt sich der Thron der Erkenntniß im buddhistischen Gesetz.

*) Die Mâhârâdschas, Dhritarâshtra, König der Gandharvas im Osten,

Virûdhaka,		Kumbhandas im Süden,
Virûpakscha,		Nagus im Osten,
Dhanada		Jakschas im Norden,

hüten (als Lôkapâlas) den von Indra (mit dem Vadschra) beherrschten Himmel der Trâyastrinças, als 8 Vasus mit Indra,

11 Rudras,
12 Adityas,
2 Açvinen.

Darüber schweben, im eignen Lichte strahlend (senkelt der Sphäre von Sonne und Mond) der Himmel der Jâmas,

Tuschitas (mit Maitreya), oder Freudevollen,

Nirmânarati (Cubulilghan darbajasanktschela, oder der sich in Verwandlungen Ergözenden),

Paranirmita Vaçarvartin (der über die Verwandlungen Anderer Macht Ausübenden).

Das erste Dhyâna (mit Mahâbrahmâ Sahâmpati) schließt im Gebiet der Sânsâra (des Kreislaufs) die Welt der Leiden (Sahalôkadhâtu) ab.

Die höchste Terrasse unter den drei Himmeln des zweiten Dhyâna bildet die der Abhassaras (der Götter des reinen Lichtes), die 8 Mahakalpen leben. Nach den drei Terrassen des dritten Dhyâna folgen die sechs des vierten, deren höchste Wesen, die Akanishtas, 10000 Mahakalpen leben. An diese vier Dhyâna der Rûpa-dhâtu schließt sich dann noch die form- (farb-) lose Welt der Arûpa dhâtu in vier Abtheilungen metaphysischer Speculation, die aber von dem nur auf dem mittleren Wege (der Madhyamilas) erreichbaren Nirwana abführen. Nicht das Nirwana trägt den Charakter des reinen Nichts, den man ihm hat unterschieben wollen, sondern der halb seherische Himmel Akintschanyâyatanam, die vorletzte der Arupa-Terrassen, und darüber folgt noch die letzte Terrasse (der 26. Himmel), die in philosophischen Spitzfindigkeiten mit Hegelschen Deduktionen, in denen „Nichts anschauen oder denken" eine Bedeutung hat, rivalisirt. Die Vorstellungen vom Nirwana dagegen, die einem religiösen Bedürfniß genügen sollen, halten sich innerhalb der Grenzen des Vernünftigen und bei einiger Aufmerksamkeit auf den Gedankengang des ganzen Systems leicht Verständlichen. Daß es unsern westlichen Denkern so schwer geworden ist, sich hinein zu finden, lag nur an der Unvollkommenheit des Materials, das ihnen zu Gebote stand, besonders in Folge partheiischer Entstellungen:

*) Die Gegenten behaupten, erläutern manche Buddhisten einen Schöpfergott an, und geschieht dies allerdings in populärer Auffassung, die sich überall mit kürzeren Gedankenreihen begnügt, als die Gebildeten, oder in populärer Sprechweise dieser, zumal darüber nichts dogmatisch vorgeschrieben ist, und es sich Jeder nach seinem besten Wissen zurechtlegen mag. Für das buddhistische System als solches wäre indeß der Schöpfer von vorn herein eine Non-Entität, obwohl es bei den vielfachen Einschachtelungen innerhalb dieses alle ähnlichen an kolossalem Umfang weit überragenden Systems leicht geschieht, daß Partialgottheiten mit localen Attributen auftreten, die sie dem in andern Religionen spielenden Schöpfer verähnlichen. Die in der Digha nikaya enthaltene Erzählung von dem Schöpfer in dem von ihm noch unbewohnten Pallast eines Brahmavimâna ist allerdings deutlich ein Tendenzstück, aber Mahabrahma gilt auch sonst als der specielle Beherrscher der Sahalökadhatu (der Präsangwelt), zu der außer den 7 (oder 6) kama-Welten noch die Uebergangsregion des ersten Dhyâna gehört. Hier bilden dann die Brahmaloka (in ihren drei Etagen: Brahma parichadjas, Brahma parôhitas, Mahabrahmas) den eigentlichen Himmel, während die unteren Regionen (bis zur Erde) von Halbgöttern oder Heroen bewohnt sein würden, in jenem unbestimmten Verschwimmen zwischen Göttermenschen und Menschengöttern, wie es japanische ebensowohl, wie zyppische Genealogien charakterisirt, und auch hinterindische Sagen überall veranlaßt, die königlichen Ahnen auf hohe Berge zu versetzen. Mit Erweiterung der philosophischen Conception wurde aber die Brahmaloka bald überblickt und konnte nicht länger das Geheimniß einer ersten Ursache in sich bergen, so daß diese immer höher hinausgeschoben wurde, durch alle die ungeheuerlich weiter und weiter gedehnten Dimensionen der Weltenausende hindurch, bis endlich nichts anderes für sie genügen wollte, als ihr Verschwinden im Nirvâna (denn mehr wie jeder Superlativ steigert die Negation). Eine ähnliche Progression der Schöpfergottheit hatte nun aber schon vorher Statt gehabt. Der einfachste Himmel war der Indra's gewesen, dem Durchschnittshimmel anderer Religionen entsprechend, die indeß gleichfalls mitunter eine siebenfache Erweiterung annahmen. Die beiden Regionen unterhalb Indras-Himmel, auf und an dem Berg Meru, hängen schon mit der Erde zusammen, haben indeß gleichfalls bei roherer Auffassung der Mythologie für Disposition über die abgeschiedenen Seelen genügt, sei es, daß man sie als Dämone die Kaldthäler des Himavan (an den Abhängen des Meru) durchstreifen ließ, sei es, daß man ihnen in den olympischen Pallästen der Chain-Mahaltaja Wohnungen einräumte. Der Fortschritt bis zu Indra geschah schon früh, sobald die nordische Einwanderung Gesittung unter den Eingeborenen auf den Halbinseln diesseit und jenseit des Ganges verbreitete, und lange war jetzt dieser gefeierte Götterkönig das Ideal der Dichter und Künstler. Als er indeß mehr und mehr in die erbitterten Kämpfe mit den Thuren hineingezogen wurde, und nicht immer glücklich daraus hervorging, sah sich der gefänstigte Geist genöthigt, einen neuen Ruhepunct zu schaffen, in dem (jenseit der Sphäre von Sonne und Mond im eigenen Lichte strahlenden) Friedenshimmel der Yama oder Kampfgöttern, dem brahmanischen Satyaloka entsprechend, nach dem sich (in der Vishnu purana) die Rishi Hymnen singend zurückziehen, wenn auf's Neue die Grundfesten der Erde erschüttern, in einem jener Kämpfe, in denen

Vishnu's Avatara mit seinen Gegnern ringt. Jenseit des Yamas-Himmels wurde dann der freudenvolle Himmel Tuschita hingestellt, um dem künftigen Buddha (jetzt Maitreya) einen angemessenen Aufenthaltsort anbieten zu können und nach ihm beschließt die Kâma-dhâtu, oder die Welt der Gelüste mit den beiden Himmeln der Nirmânarati (der sich in Verwandlungen Ergötzenden) und der Paranirmita Vasavartin (der die Verwandlungen Anderer willkürlich Beeinflussenden), in welchen beiden Klassen der Dévalôkas Kräfte liegen, die sich als schöpferische äußern können (besonders von dem Letzteren aus). Die Birmanen sprechen desshalb auch häufig von ihrer Nat als schaffenden, reduciren kann aber bei genauerem Eingehen dieses Schaffen auf eine Anschmückung der materiellen Welt, also eine Umwandlung der Materie, die als bereits vorhanden gedacht wird, und für den mit seiner Meditation schon auf den Dhyana-Terrassen weilenden Buddhisten ist dann all' solches Schaffen der Nat oder Devata nichts als illusorische Spiegelfechterei magischer Zauberkunst.

*) Wie der Landmann Baumfrüchte und Garben, bringt der Gottbeschauer seine Gedanken zum Opfer. (Porphyr.)

*) Auf einigen Kugeln (der Weltkörper) wird man die Geschöpfe aus weit dünneren Stoffen gebildet finden als bei uns, ja dieser kann sich an Dünne vielleicht der des Aethers nähern, auf anderen können sie aus dichterem gebildet sein. „Auf einigen sind vielleicht die vernünftigen Geschöpfe geeignet, viel schnellere, viel feinere, viel klarere Eindrücke zu empfangen, auf anderen umgekehrt," meint Oersted, und in ähnlicher Weise mit Fontenelle's dichterischen Inhalten werden die Unterschiede zwischen den verschiedenen Dhyana-Stellen beschrieben.

*) Wenn man um den Raum, den 100,000 Kôtis (2,000,000) von Welten einnehmen, einen Wall bis zum höchsten Himmel errichtete, und dieses ganze Magazin mit Senfkörnern füllte, so würde die Zahl derselben noch nicht die Hälfte derjenigen Welten erreichen, die nur nach einer einzigen Himmelsgegend hin liegen. Wenn man einen soliden Fels von 16 Meilen Höhe, Länge und Breite alle 100 Jahre einmal mit dem feinsten Spinngewebe flüchtig berührte, so würde derselbe eher auf die Größe eines Mungelerns zusammenschwinden, als daß ein Asankhya verflossen sei. Wenn es drei Jahre nacheinander ununterbrochen auf der ganzen Erde regnete, so würde die Menge der Tropfen noch kein Asankhya betragen. Asankhya ist das Unzählbare, wie der Sand in Aristoteles Weltall, den Archimedes im Psammites zählen will. Jeder Mahâkalpa zerfällt in vier Asankheyakalpa und jeder dieser in 20 Antarakalpa. Chez les Mandchous et les Japonais les nombres décuples de dix mille ne s'élèvent pas en progression géométrique au delà de cept quintillions. Le décuple quadrillion reçoit en chinois le nom de hrag ho cha (sable du Gange), le décuple de ce nombre le nom seng ki (asankhya ou innomerabilis), le décuple quintillion s'appelle pon kho sao yi (immaginabile) et le dernier de cette série won lang son, nombre infini (Rémusat). Le premier des dix grands nombres (se multipliant par eux-mêmes) est l'asankhya (cent quadrillions). On répète l'opération jusqu'au dixième, qu'on nomme indicibilement indicible, et qui ne pourrait être exprimé que

par l'unité ainsi de 4,456,448 zéros (une ligne de chiffres de près de 44,000 pieds de longueur), surpassé encore par le nombre, dont le nom désigne le nombre des atomes contenus dans le mont Soumerou ou la montagne céleste (Némusat). Aber jene Zahl verschwindet weit gegen die ungeheure Zahl, die das Resultat der 127 Multiplikationen ergiebt (im Buddhavamsala). Als Ausgangspunkt findet sich koti, 10 Millionen, die nächste Zahl ist 10 Millionen × 10 Millionen = 100 Billionen, dann folgt 100 Billionen × 100 Billionen, so daß die nächstfolgende Zahl immer das Quadrat der vorhergehenden ist. (s. Schiefner.) Hübscher wäre es noch, wenn man solche Operation mit Milchstraßen-Durchmesser vornähme.

²⁷) Das Ende der Welt und das Ende der Nichtwelt berühren sich gegenseitig nach der Bhagavati. (s. Weber.)

²⁸) Wie bei den Jainas sind die concentrischen Halbkugeln der Himmel (nach Plato) an einer Spindel befestigt, von Anaximander mit Rindenlagen (φλογός σφαῖρα) verglichen.

²⁹) Die Welt ist weder geschaffen, noch aus dem Nichts entstanden, sondern unter anfangslosen Umwälzungen tritt sie durch das Walten der Naturgesetze hervor. Die Frage nach der Existenz des Universums gehört zu den vier Dingen, die nur ein Buddha durchschaut. In der von den Sthavira getrennten Mahasamghika erlangte das bedeutendste Ansehen die von Moggaliputa gestiftete Schule der Vibatschyawadina, nach welcher in allen Dingen eine wahre und unwahre Seite anzuerkennen sei.

Die Gottheit vertritt im Buddhismus der definirte Gedanke, sein Cultus ist der der Wissenschaft, der Gelehrsamkeit, und wenn diese buddhistische Gelehrsamkeit hohl und nichtig ist, nichts als ein aus menschlichem Wahn zusammengeflügeltes, durch dialectische Künste gestütztes Wolkengebilde, so trifft dieser Vorwurf nicht das System als solches, das sich immer den vorhandenen Verhältnissen anschmiegen würde, sondern die Richtung des menschlichen Entwicklungsganges überhaupt, die in den von der Natur bevorzugten, klimatisch glücklich ausgestatteten Ländern der Tropen in Apathie und Indolenz versinkt, in ideellen Gedankenträumen lebt, und nur in dem zu rühriger Arbeit, zu kraftvollen Anstrengungen zwingenden Gürtel der gemäßigten Zonen die Energie entwickelt und der Natur ihre Schätze abringt, um mit ihnen den leeren Inhalt der Gedanken zu füllen. Die Buddhisten sind keineswegs einseitig eingenommen für die ideale Seite, die durch zufällige, (oder vielmehr die durch die Natur der Sache gegebenen) Verhältnisse ihrer speciellen Wissenschaft gewonnen hat, sie ehren das Wissen als solches, den Gelehrten als Träger desselben, und wenn sie mit den realeren Ergebnissen europäischer Forschungen vertraut werden, sind sie leicht bereit, das Willkürliche ihrer eigenen Conceptionen zu verwerfen und für besser begründetes auszutauschen. Nach dem Stoiker Kleanthes sollte Aristarch von Samos wegen seiner Lehre von der Erddrehung der Gottlosigkeit (ἀσέβειας) angeklagt werden, und auch in Erneuerung der Ansichten des Hicetas, Philolaus, Heraclides und Ecphantus durch Copernikus wurde Gefahr gewittert. Als dagegen der König von Siam durch die Europäer mit den Resultaten ihrer praktischen Astronomie bekannt gemacht wurde, nahm er sogleich das jetzt in der Theorie herrschende System an, obwohl es nur den Werth einer Hypothese (und bei den unlösbaren Zahlen, sowie der Häufung unbekannter Größen, keinen ganz unbedenklichen) hat, und berücksichtigte alsbald die Abschaffung des Berges Meru mit allen seinen Himmeln und Höllen, da die Weltumsegelungen seine Abwesenheit bewiesen. Vielleicht finden ihn die Nordpolfahrer. Javanische Mythen verdoppeln ihn, um auch die ἀντίχθων (des Pythagoras) zu versorgen, und sprechen von einem Umkippen der jetzt schrägen Erdachse, weil bei statt gehabter Versetzung das Gleichgewicht nicht hergestellt sei. Leukippos läßt die Erde nach Süden sich neigen in Folge der Schwere der Sonne, die (nach Empedokles) den Pol emporgezogen (ὑψωθῆναι). Sonne und Mond umkreisen den indischen Berg Meru und gehen (nach Anaximenes) hinter herum, wo im Norden die Erde sich höbe (s. Orig.).

³⁰) Im Lamaismus wird die Enthaltsamkeit des südlichen Buddhismus durch möglichste Extravaganz gut gemacht, indem dieser, wie jede andere Religion, unbestimmbarer Wandlungen fähig ist, in denen der Name bleiben mag, während der Kern schon längst verändert ist. Die Kalmüken bezeugen Menschenkoth dieselbe Hochachtung, die Kelte bei Heitermotten sanft, und trinken den ihrer beiden Päpste (nach Pallas) ebenso andächtig, wie die Brahmanen den der Kühe, während die derbkühe Fürstin Abu als in Seide eingenähtes Amulet einen Nodulus von derselben Materie trug, die (nach Tavernier) auch geschnupft und auf Speisen gestreut wurde. Stercoris manusm in globulos auro musquoquo circumlitos redigunt Lhmnno cosquo parsim universos plebi distribuunt, bemerkt Georgi bei dem lebenden Buddha. Einmaliges Aussprechen des heiligen Namens Amitabha's ist bei ihnen verdienstvoller, als ein unablässiger Tugendübung gewidmetes Menschenleben, und bei den Gebetmaschinen läßt sich selbst die leichte Arbeit sparen, die Räder durch die Finger laufen zu lassen, da man Ochsen zum Drehen mietben kann (wie im Kloster Pellagg) oder durch Befestigung der heiligen Formeln an Fähnchen oder Mühlen den Wind oder das Wasser für sich beten läßt. Auch an wunderthätigen Bildern fehlt es nicht, der Handel mit Todtenreliquien ist ebenso einträglich, wie einst der der Translationen, dem ungezählten Reck stellt sich der Mantel Hamghali zur Seite und mit der Leiter, die Jakob im Traum gesehen, rivalifirt Buddha's Schatten, den man bei den Fünfthürmen in Schaufi verehrte oder zu Nourenth-lange Zeit in der Grotte bei Kaufambi.

³¹) Wer zur Erkenntniß, zur Gnosis oder Bodhi gelangt ist, der würde von selbst (meint der Lehrer des Buddhismus) seines eigenen Nutzens und Vortheils wegen, statt der täuschenden Freuden des Irdischen die unvergänglichen suchen, er würde fündhafte Verbrechen meiden, nicht weil sie verboten und nach willkührlich construirten Sühnegesetzen verwerflich sind, sondern weil sie ihm statt Gewinn nur Schaden bringen dürften, und weil eine den Menschen aus selbstständiger Ueberlegung auf sein eigenes Wohl hinweisende Religion keiner sophistischen Entschuldigungsgründe verlangt, wenn ihr Bekenner das Gute aus Egoismus übten.

³²) Allerdings ist es schwer oder unmöglich, innerhalb eines einzigen Menschenlebens schon alle die Gebete zu erfüllen, deren es zur Verklärung als Buddha bedarf, indessen

3*

wenn nur überhaupt die guten Handlungen die nicht guten überwiegen, wenn die Bilanz zu Gunsten der Tugend spricht, so bleibt (nach buddhistischer Buchrechnung) die wandernde Seele fortan vor den dunklen Wegen (der Thiere, Pretas, Nagas und Höllenwesen), wie es die Buddhisten ausdrücken, bewahrt, und die Metempsychose hat, wenn nicht in einem neuen Menschenkörper, doch wenigstens in einem der Götterhimmel Statt, unter welchem jede individuelle Geistesdisposition den ihr passendsten Aufenthaltsort finden wird und Freuden die Fülle. Dem frommen Buddhisten ist jedoch an solcher Seeligkeit wenig gelegen. Weit entfernt, die Wiedergeburt in den Himmeln paradiesischer Vergnügungen zu wünschen, fürchtet er sie sogar, da sie ihm aufs Neue Verführungen in den Weg legen, und die eifrige Tugendhaftigkeit, wie sie nur in der Menschenwelt möglich ist, unterbrechen möge. Er giebt sich deshalb gerne den mystischen Uebungen der Dhyani's hin, wodurch der Geist einen solchen Schwung erhält, daß, wenn er einmal für den Himmel bestimmt sein sollte, wenigstens die sechs Sinnenhimmel überspringen und direct auf den Brahmanenterrassen landen würde. Das Heil leuchtet dem Buddhisten erst dann, wenn es ihm gelungen ist, in die Pfade einzugehen, in die Megga, die die Früchte des Buddhathums versprechen und beim Vermeiden der Abwege, die die Arupa-Welten bieten, ohne weitere Ablenkung nach Rechts oder Links direct in's Nirvana führen.

³⁰) Der Buddhismus verwirft die Idee ewiger Strafen, diese müssen während einer Anzahl an eine gewisse Zeit gebundener Wanderungen in niederen Zuständen ausgestanden und gebüßt werden, wobei jedoch die verrichteten guten Handlungen nicht verloren gehen, sondern ebenfalls in günstigen Anschlag gebracht werden. (Schmidt.)

³¹) Die Ethik des Buddhismus stellt keine Pflichtenlehre auf, und ohne von einem Sollen zu reden (außer in den fünf Normalarbeiten, die in allen Moralsystemen fast gleichmäßig figuriren), beschränkt sie sich auf den Rath, sich selbst zu erkennen, um dann dem so erlangten Verständniß von der Menschennatur gemäß zu leben, wie es die Sorge für das eigene Wohl erheische. Mit solcher Erkenntniß, mit der Richtigkeit des Urtheils läutere sich die Moral. Daß es die Natur aller empfindenden Wesen sei, den Schmerz zu fliehen, die Lust zu suchen, bedürfe keines Beweises, welches aber die Ursachen des Schmerzes seien, welches die wahre Lust, das ergäbe sich aus dem Nachdenken über die vier Grundwahrheiten, die in der Natur der Dinge beruhen. Die Vernichtung des Schmerzes sei zu suchen, sie aber würde nicht erlangt durch vorübereilende Freuden, die ihn für den Augenblick betäuben, bald jedoch den Körper desto schlaffer und enervirter zurücklassen, eine desto schutzlosere Beute grimmig wühlender Pein. Ächte und ungetrübte Freude werde nur erlangt in der Ataraxia oder Aponia, wie Epikur es nennt, in der Seelenruhe und Kummerlosigkeit, in der Ubella, nach buddhistischem Ausdruck, einer völligen Gleichgültigkeit. Dies seien die Axen und unwerkennbaren Gesundheitsvorschriften einer Diätetik der Seele, die ein Jeder zu verstehen vermöchte, und die es nur an ihm liegen würde, ob er sie beobachten wollte oder nicht. Wie derjenige ein Thor sei, der leichtsinnig und frevelhaft gegen seine körperliche Gesundheit wüthe oder sie absichtlich durch schädliche Gifte zerstöre, ebenso kopflos handle derjenige, der die deutlich vorgeschriebenen Gesetze geistiger Gesundheit außer Acht lasse. Wer blindlings in sein Verderben rennen wolle, dem sei nicht zu rathen und zu helfen, er habe indeß Niemanden

anzuklagen, da er sich selbst bestrafe. Der Grund aller Sünden, alles Unrechtthandelns liegt deshalb in der Unwissenheit, in der Dummheit, die der Buddhismus seinem Systeme gemäß die Wurzel alles Uebels nennt. Aufklärung, Belehrung führt somit zur Tugend, denn für verständige Einsicht sei es hell und durchsichtig, wie der Tag, daß ihr eigenes Bestes darin liege, das Gute und Rechte zu üben, sich von den Gebrechen des Irdischen abzuwenden, die Freuden des Unvergänglichen zu suchen. Der Volksunterricht steht deshalb auch in allen buddhistischen Ländern auf einer verhältnißmäßig hohen Stufe der Ausbildung. Jeder Flecken, fast jedes abgelegene Dörfchen besitzt ein Kloster, von einem oder mehreren Mönchen bewohnt, die dort unentgeltlich, oder vielmehr in Vergeltung für ihren Unterhalt, die Erziehung der Jugend leiten, und obwohl sie keine hohe Weisheit lehren können, da der Umfang des Wissens in jenen Ländern ein sehr beschränkter ist, so ist doch einem Jeden Gelegenheit geboten, die Elementarbegriffe sich anzueignen, und Jemand zu finden, der nicht zu lesen und schreiben verstünde, gehört zu den Seltenheiten.

[20]) Als auf dem Concil zu Pataliputra gefragt wurde: „Was ist die Lehre Buddha's?“ zeigte sich dieselbe Rathlosigkeit wie in Nicäa, und unter den dann geäußerten Meinungsverschiedenheiten wurde die Ansicht des Moggaliputra durch Asoka zur orthodoxen erhoben, nämlich: „Buddha's Lehre ist Unterscheidung,“ was sagen sollte: Von dergleichen Dingen, wie die Nirvana, welche den wesentlichen Zweck der Lehre Buddha's bildet, ist es unmöglich, einen bestimmten Begriff aufzustellen, und in jeder kategorischen Bestimmung derselben wird ein Theil Wahrheit und ein Theil Unwahrheit sein (s. Palladius).

[21]) Die Wunder, die Buddha (Siddharta) in späteren Erzählungen zugeschrieben werden, sind meist magischer Natur ähnlich den durch Eldol erworbenen Zauberkräften, und ihm, als Sohn der Maya (der großen Illusion) entsprechend, wie auch für mahayanistische Spitzfindigkeiten ausgebeutet. An sich widerspricht der Natur des Buddha, als einer rein menschlichen, jedes überirdische Eingreifen in die Naturgesetze, so lange er auf Erden verbleibt, und indem seine Bekenner keine Todtenerweckungen von ihm erwarten, trösten sie sich auch nicht in besonderen Fällen mit der falschen Hoffnung, daß solche doch vielleicht durch seine oder seiner Heiligen Kraft geschehen könnten. Als in Buddhaghosa's Legende (bei Rogers) die Mutter mit ihrem todten Kinde auf dem Arme zu ihm kommt, verspricht er die Belebung, wenn sie ihm ein Senfkorn bringen könnte aus einem einzigen Hause, dessen Insassen noch nie den Tod eines Mitbewohners oder eines sonstigen Verwandten beklagt hätten, und in gleicher Weise verweist er die Kranken auf Aerzte, die Unheilbaren auf eine Vorbereitung für ein anderes Leben. Die rauheren Völker des Nordens hätten sich freilich nicht so abfinden lassen, und einem Gebet an den heiligen Martinus, um Erweckung eines todten Kindes, war gleich die Formel beigefügt: Quod si non feceris, non tibi ultra colla curvabimus, luminaria accendemus, aut alicujus honoris gratiam exhibebimus. Der Buddhismus enthält sich, Gottes Dasein zu beweisen, was (nach Jacobi) nur hieße, einen Grund desselben aufzeigen, wodurch Gott zu einem bedingten Wesen werden würde, und auch der indirecte Beweis, der von der Erkenntniß von Wirkungen zur Erkenntniß von Ursachen führt, ist un-

möglich, wenn der Buddha in das Nirvana eingegangen ist, und mit seiner Loslösung von den Fäden des Karma jede Brücke hinter sich abgebrochen hat. „Bezähmung der eigenen Gedanken", und somit „des Bösen Unterlassung, des Guten Vollbringung, das ist die Lehre Buddha's." Größer, als der, der 1000 mal 1000 Männer in Kämpfen besiegt hat, ist der Sieger, der sich selbst überwunden hat, heißt es im Dhammapadam.

Auf die Einwände, daß die Sittlichkeit des Buddhismus, dem der Gott im Himmel fehle, keinen Halt habe, daß nach seinen Lehren die Tugend nur aus Selbstsucht geübt werde, und ähnliche hat Koeppen antworten zu müssen geglaubt. Der auch von ihm anerkannte Vorwurf, daß die buddhistische Moral nur passiv und verneinend wirke, fließt indessen nicht, wie er in seiner Auffassung des Nirvana als Auslöschung meint, aus dem Dogma von diesem Nichts, sondern aus dem Mangel realer Gegenstände der Beobachtung, die dem idealistischen Buddhismus fehlen, und die nur in einer intuitiven Naturanschauung, wie sie erst jetzt auf Erden zur Geltung kommt, suppliirt werden können.

³¹) Seine letzten Worte waren: Mich dürstet. „Die Kräfte hatten ihn völlig verlassen, er lag auf dem von Ananda hingebreiteten Teppich im Schatten der Bäume Sala (Shorea robusta) und empfand einen „heftigen Durst. Dies waren die letzten Augenblicke seines Lebens." (Pallabius).

³²) In der dialektischen Trichotomie Hegel's bewegt sich jede Kategorie durch den eigenen inneren Widerspruch zu einer höheren Entfaltung fort, so daß durch das ganze System, vom untersten Begriff zum höchsten, eine Kette geschlungen wird. Die Negativität, die als Punkt auf den Raum sich bezieht und von ihm als Linie und als Fläche ihre Bestimmungen entwickelt, ist für sich gesetzt, die Zeit in der Mechanik, aus der sich die Materie zur Sphäre der Physik erhebt, dann, indem die Idee zur Existenz gelangt, zum Organismus, die Moralität führt auf den Staat in der Weltgeschichte oder dem Weltgerichte, der Kampf des Ich mit andern Ichheiten auf das Verhältniß von Herrschaft und Knechtschaft u. s. w. In dem ganzen Gebäude sind alle einzelnen Constructionen auf das Künstlichste in einander gefügt und also, da sie sich gegenseitig im raisonnirenden Gleichgewicht halten, in solidarische Verknüpfung gesetzt, so daß irgend ein, irgendwo gemachter, Rechnungsfehler des Geistes das Gesammtresultat fälschen und zum Sturze bringen muß, indem zugleich die durch Analyse immer wieder auf das Einfachste zurückzuführende Controle, die einzig mögliche Garantie der Richtigkeit, um so schwieriger wird, je höher sich diese reine Gedankenschöpfung aufbaut.

Der Buddhismus in seiner immer zugleich das Sein und Nichtsein aussagenden Form des Urtheils, das erst bejaht, dann verneint, schließlich Bejahung und Verneinung aufhebt, nach der seglichen Form der Sautrantika, die in der Position und Negation besteht, in der Conjunctie, Successie, Prädicatia vollendet, erlaubt für jedes Sein in der wechselnden Welt des Entstehens und Vergehens immer nur eine beziehungsweise Wahrheit, die erst aus den weiteren Beziehungen der Gegenseitigkeit eine relative Gültigkeit erhält und stets im unmittelbaren Zusammenhang mit ihrer Entstehungsweise verbleibt, um je nach den nöthig werdenden Veränderungen ihrer Theile das Ganze entsprechend zu modificiren und so das einheitliche Gesammtresultat ungestört mit der Erweiterung des Denkens fortzuführern. Die buddhistische Metaphysik ermangelt systematischer Entwicklungen, geschlossener Deductionen und Demonstrationen, indem ihre Methode eben rein dialektisch ist, wie es die jeder Philosophie sein sollte, so lange ihr aus objectiver Naturbetrachtung der gegebene Stoff fehlt, auf welchen diese Methode anzuwenden sei. Erst wenn die Wissenschaft die Materialien geliefert hat, kann sich aus den Thatsachen inductiv ein vorläufiges System erbauen, das wieder in der Deduction zur Prüfung rückwärts durchschritten werden muß. Eine Philosophie dagegen, die die noch inhaltsleere Methode mit künstlichen Gedankenschöpfungen füllt, um an ihnen diese Methode zu probiren, kann, wenn später der reale Inhalt objektiver Thatsachen geliefert wird, eine sehr gefährliche werden, weil sie die schon subjectiv gefolgerten Resultate des Denkens damit vermengen oder ihnen selbst als Norm vorschreiben mag.

Für Jeden, der noch nicht zum Buddha erwacht ist, besitzen in seinem leiblichen Traumleben die Dinge die ἀκαταληψία Pyrrho's (der mit dem, Demokritus folgendem, Anaxarchus, Alexander M. auf den Feldzügen begleitete), die Unbegreiflichkeit ihres Wesens, und die ἔποχή desselben, die Zurückhaltung des entscheidenden Urtheils, die in der methodischen Philosophie resultatlos bleibt, wird sich, wenn auf die angeordneten Rithen der Thatsachen angewendet, aus wechselweiser Ergänzung ihre Gültigkeit bestimmen. Aus dem steptischen Verhalten gewinnt Timon die unerschütterliche Gemüthsruhe der Eudämonie durch das Zurücktreten des Interesses für oder wider die Gegenstände. Nach Arcesilas weiß man Nichts, nicht einmal, daß man Nichts weiß.

Auf Subhûti's Frage (wegen der Gläubigkeit lebender Wesen beim künftigen Hören der Lehre) antwortet Buddha: „Solche sind weder lebende Wesen, noch auch kein Nichtwesen, denn Subhûti, dasjenige, was die lebenden Wesen genannt wird, hat der Thatkägata für Nichtwesen erklärt, deswegen werden es die lebenden Wesen genannt," indem was in der Auffassung des im Nirvana Eingegangenen als Nichtvorhanden erscheint, weil der Trugwelt angehörig, das eben in dieser noch als vorhanden aufgefaßt wird. Es wäre Mißverständniß, zu sagen, Bhagavat hat das Sein erklärt, „denn Subhûti, in Betreff desjenigen, was das Offenbaren des Seins genannt wird, so kann jegliches erklärte Sein als Selbstoffenbarung erscheinen, da doch von jenem Sein nicht das Geringste vorhanden ist," wogegen dasjenige, was im Nirvana als Real aufgefaßt wird, in der Trugwelt nicht als Geoffenbart erscheinen könne. Omnis determinatio est negatio (Spinoza). In negativer Bedeutung sind die Dinge an sich Noumena (s. Kant). Nach Hegel ist das Anderesein. Nichts als die höchste Erkenntniß, daß Alles, was irgend ein Sein zu begründen scheint, leer und nichtig sei, ist im Stande, zum Pradschnâ-pâramitâ hinüberzuführen (s. Schmidt). In der Eigenschaft der Abstraction von jedem Inhalt ist das reine Sein das absolut Negative, die Negation jedes bestimmten Seins und also dasselbe, was auch das reine Nichts überhaupt gleichfalls ist (nach Hegel).

*) Während indeß der Buddhismus, unter den Zeit- und Culturverhältnissen, die ihn hervorriefen, eine temporäre Wahrheit besaß, liegt in Schopenhauer's verstillter Ausgabe desselben ein schaudernder Anachronismus, da unserer kampfesfreudigen Zeit das Quietiv des Willens nicht durch Niederdrückung von Außen her aufgezwungen werden

kann, sondern selbstthätig erworben werden muß im Genusse des errungenen Sieges, wenn die Lösungen der im Makrokosmos gestellten Fragen sich zur Gesetzlichkeit eines harmonischen Kosmos zusammenordnen. „Nur die totale Verneinung des Willens zum Leben, in dessen Bejahung die Natur die Quelle ihres Daseins hat, kann zur wirklichen Erlösung der Welt führen." (Schopenhauer.) — Nicht so, sondern ein muthiges Trinken an den Quellen realer Wissenschaft.

Druckfehler-Verzeichniß.

S. 6, Z. 20 von oben statt: Sinnwelt, lies: Sinnenwelt.

S. 10, Z. 21 von oben statt: schlummernde, lies: schlummernden.

S. 9, Z. 10 von oben statt: in, lies: im.

S. 20, Z. 4 von oben statt: Lügen, lies: Lüge.

S. 20, Z. 10 und 20 von oben statt: nur in des Gedanken's luftiger Bildung, lies: nur des Gedanken's luftige Bildung.

S. 25, Z. 8 von oben statt: Gestalt, lies: Gewalt.

* 9 7 8 3 7 4 1 1 6 8 9 9 4 *